RECHERCHES

SUR

LA LONGITUDE

DE LA COTE ORIENTALE

DE

L'AMÉRIQUE DU SUD,

Par M. Ernest MOUCHEZ,

Capitaine de frégate.

(Extrait des *Annales hydrographiques*, 4e trimestre, 1866.)

PARIS,

IMPRIMERIE ADMINISTRATIVE DE PAUL DUPONT,
Rue de Grenelle-Saint-Honoré, 45.

1866

RECHERCHES

SUR

LA LONGITUDE DE LA COTE ORIENTALE

DE L'AMÉRIQUE DU SUD.

Chargé depuis plusieurs années de faire, sur la côte du Brésil, des travaux hydrographiques ayant pour but une reconnaissance complète et détaillée de cette côte sur une étendue de 1,100 à 1,200 lieues, j'ai dû me préoccuper, dès le principe, de la détermination du premier méridien de Rio-de-Janeiro que j'adoptais comme point de départ de toutes les longitudes.

Les avisos à vapeur que j'ai successivement commandés pendant le cours de ces travaux n'étaient pas spécialement attachés à cette mission hydrographique ; ils faisaient partie de la station navale du Brésil, et, comme tels, devaient satisfaire à des exigences de service multiples qui ne leur laissaient que de rares moments de repos. Ces conditions étant peu favorables aux observations astronomiques directes qui nécessitent un établissement à terre un peu prolongé, j'ai dû commencer par rechercher toutes les observations diverses, anciennes ou récentes, faites par les navigateurs et les astronomes qui m'avaient précédé au Brésil. Mais plus tard, quelques circonstances favorables s'étant présentées, j'ai pu observer moi-même plusieurs séries de culminations lunaires, deux éclipses de soleil et quelques occultations d'étoiles et de satellites de Jupiter. J'ai recueilli en outre un grand nombre de traversées chronométriques faites soit par nos paquebots des Messageries Impériales, dont je réglais les chronomètres chaque fois que je les rencontrais, sur un point quelconque de la côte du Brésil, soit par les navires que j'ai successivement commandés. A l'aide de la vapeur, les côtes orientales de l'Amérique du Sud ne sont plus éloignées que de quinze à vingt jours de navigation des premiers méridiens de l'Europe ou des archipels voisins aujourd'hui parfaitement déterminés. On peut donc, à l'aide des chronomètres, quand ces instruments sont bien réglés et en de bonnes mains, obtenir cette longitude d'une manière au moins aussi approchée que par des observations astronomiques directes; l'expérience de chaque jour le démontre avec évidence.

Le but de ce mémoire est de présenter le résultat de ces recherches; j'exposerai successivement les observations faites par les principaux navigateurs qui ont passé au Brésil depuis la fin du dernier siècle, et j'introduirai dans chaque section le résumé de mes propres observations.

La première section comprend toutes les longitudes basées sur le transport du temps; dans la deuxième section, au contraire, j'ai réuni toutes les observations astronomiques directes, de quelque nature qu'elles soient, que j'ai pu trouver dans les voyages et mémoires publiés. Je n'ai omis aucun des résultats que j'ai rencontrés, même ceux qui étaient évidemment faux. J'ai pensé qu'il y avait, à part l'intérêt historique, une certaine utilité à les présenter tous, puisque, par leur comparaison, ils permettent d'apprécier le degré d'exactitude des observations de chaque navigateur et la valeur de chaque méthode. Ce n'est que dans la discussion de la longitude définitive que j'ai dû écarter un certain nombre de résultats, en n'adoptant que ceux qui s'imposaient soit par la notoriété de leur auteur, soit par les soins particuliers apportés dans l'observation.

De l'ensemble de cette étude, je crois que l'on pourra conclure que la longitude de la côte orientale de l'Amérique du Sud est connue aujourd'hui avec toute la précision possible, c'est-à-dire *certaine à 1 ou 2 secondes de temps près*, limite d'approximation suffisante à tous les points de vue, et que l'on ne pourrait guère espérer de surpasser, même par l'établissement d'un observatoire permanent.

En 1842, Daussy ayant reconnu la nécessité de corriger la longitude erronée de Rio-de-Janeiro ($3^h 2^m 30^s$) trouvée par l'expédition hydrographique de l'amiral Roussin, fit quelques recherches dont il donna le résultat dans la *Connaissance des temps* de cette même année, et crut devoir adopter, comme moyenne très-approchée ($3^h 2^m 0^s$), diminuant de 30 secondes la longitude de Roussin.

Mes premières observations dans le Rio de la Plata, en 1858, me firent supposer que cette nouvelle longitude était encore sensiblement trop forte, et je la réduisis de 12 secondes pour la construction des nouvelles cartes de la côte du Brésil. Ce qui me décida complétement à adopter cette longitude ($3^h 1^m 48^s$), ce fut une lettre de M. le commandant Bedfort, de l'*Hydrographic office* de Londres, dans laquelle il me faisait savoir que c'était précisément celle qu'on allait prendre en Angleterre, par suite des derniers travaux, et que cet accord était très-heureux, parce qu'il identifiait les cartes anglaises et françaises de l'Amérique du Sud.

Cependant, les récentes observations de mes deux dernières campagnes (1861-1865), et les recherches exposées dans le présent mémoire, m'ont prouvé que la correction que j'avais faite était beaucoup trop forte, et que la longitude adoptée par Daussy n'était en réalité trop grande que de 3 à 4 secondes. Après les magnifiques observations chronométriques de l'amiral Fitz Roy, dont je n'ai connu les détails que postérieurement à mes premières recherches, je ne comprends pas que les hydrographes anglais aient assez peu apprécié les remarquables résultats de la campagne du *Beagle* pour adopter une longitude si différente de celle de Fitz Roy. On sait que cet habile et consciencieux hydrographe, pendant sa campagne du *Beagle*, fit trois traversées entre l'Europe et le Brésil, ou Sainte-Hélène et le Brésil, et qu'il trouva chaque fois, à $^1/_2$ seconde près, le même résultat avec 22 excellents chronomètres, dont quatorze ou quinze s'accordaient généralement à la seconde. Cette longitude est de $3^h 1^m 56^s 5$. Je donnerai plus loin quelques renseignements sur ces observations.

Il ne paraissait donc plus exister qu'un doute d'un très-petit nombre de secondes sur cet élément, objet de tant de travaux, quand une note récente, publiée dans la *Connaissance des temps* de 1867, semble tout remettre en question, en proposant, d'après M. Liais, une nouvelle longitude extrêmement différente: $3^h 1^m 32^s$ (ou plutôt $3^h 1^m 24^s$, comme je le dirai tout à l'heure), au lieu de $3^h 1^m 57^s$. Dans cette note, on n'a tenu aucun compte des observations faites au Brésil depuis un siècle, puisqu'on n'en cite même pas une seule. Cependant, une si énorme erreur sur un tel point serait aujourd'hui un véritable anachronisme, car on pourrait faire le tour du globe sans en trouver une semblable sur aucun point fréquenté, à plus forte raison quand il s'agit d'une côte comme celle du Brésil, si voisine d'Europe, et où tant de navigateurs ou d'astronomes ont fait les travaux les plus consciencieux. Pour annuler subitement tant de travaux, il est évident qu'il faudrait autre chose qu'*une observation unique* fort douteuse, et dont nous ne possédons absolument que le résultat, ce qui, en résumé, ne fait reposer cette nouvelle longitude que sur une simple affirmation de M. Liais. Cela a pu suffire au Brésil pour la faire accepter officiellement par le gouvernement; mais, quelque confiance que les auteurs de la *Connaissance des temps* veuillent accorder à cet astronome, ils ne pourront certainement pas introduire dans des tables aussi sérieusement contrôlées un résultat si peu prouvé et qui est en contradiction avec tout ce qui a été fait précédemment.

Chargé de refaire la carte des côtes du Brésil, et obligé d'adopter définitivement un premier méridien comme point de départ, il m'est impossible de ne pas discuter cette longitude, certainement erronée d'une trentaine de secondes, et qui pourrait cependant acquérir tant de poids par l'incontestable autorité du savant membre du Bureau des longitudes, qui propose son adoption dans la *Connaissance des temps*.

Je dirai d'abord qu'il y a une première erreur de 8 secondes sur la réduction au premier méridien de Rio, et qu'au lieu de $3^h 1^m 32^s$, c'est $3^h 1^m 24^s$ qu'il faudrait adopter.

En effet, l'éclipse totale de 1858, sur laquelle est fondée la nouvelle longitude, a été observée à Paranagua, dans la maison du docteur Reichteiner. Or, la différence de méridien de cette localité et de Rio-de-Janeiro (Villegagnon) a été mesurée d'abord par King avec 14 chronomètres, puis par moi à bord du *Lamotte-Piquet*. J'ai fait deux fois le voyage de Paranagua, et toutes mes traversées, avec 5 chronomètres, m'ont donné des résultats s'accordant parfaitement entre eux.

J'ai trouvé :

Par le premier voyage, 21^m 26^s, 2
Par le deuxième voyage, 21^m 27^s, 9 } Moyenne : $= 21^m 29^s 1$.
King................ 21^m 33^s, 3

Longitude déduite de l'éclipse de 1858.... 3^h 22^m 53^s 4.

La longitude de Rio (Villegagnon), d'après M. Liais, serait donc de.................... 3^h 1^m 24^s 3.

et non 3^h 1^m 32^s, comme le dit la note de la *Connaissance des temps* (ou 3^h 1^m 35^s 2 pour l'observatoire).

Maintenant, si nous examinons de plus près le travail de la commission brésilienne qui fut chargée, conjointement avec M. Liais, de faire l'observation de cette éclipse totale, nous trouvons une singulière et grave erreur encore inexpliquée, qui pourrait, jusqu'à un certain point, faire concevoir l'erreur du résultat final : on trouva, en effet, une différence de 42 secondes entre la durée calculée et observée de l'éclipse (72 secondes au lieu de 114 secondes), et la commission dut croire que le demi-diamètre de la lune, donné par les éphémérides, était trop fort de 7 secondes [1]. Si, comme je le suppose, personne ne croit possible aujourd'hui une semblable erreur sur le demi-diamètre de la lune, on comprend quelle divergence présenteraient sur l'heure de la conjonction, et par suite sur la longitude déduite, les quatre contacts observés. Aussi le mémoire où l'on rend compte de ces observations ne cite que *le résultat moyen* ; mais on trouve ces divers résultats consignés dans quelques mémoires lus à l'Institut de Rio, et on voit, en effet, qu'ils sont très-diver-

---

[1] Voir les comptes rendus de l'Académie des sciences.

gents. On essaye bien d'expliquer cette différence par des réfractions anormales produites par le refroidissement de l'air dans le cône d'ombre de la lune; mais cette différence de température, qui ne peut guère s'élever qu'à 3 ou 4 degrés, et moins encore quand l'atmosphère est le moindrement agitée par le vent, est-elle capable de produire un effet de réfraction anormale bien appréciable?[1] Théoriquement, on peut admettre cette action, mais tant qu'on n'en calculera pas l'effet, on ne pourra s'empêcher de la croire extrêmement faible et au-dessous des erreurs d'observation. Jusqu'ici, personne n'avait constaté cette influence, bien que cette question ait été l'objet d'études très-sérieuses, et la correction d'inflexion et d'irradiation a paru toujours suffisante pour faire parfaitement accorder les divers contacts des éclipses totales ou annulaires. (Voir Dionis du Séjour, *Mouvements apparents des corps célestes*, vol. I.)

Dans l'observation que j'ai faite de la belle éclipse annulaire du 30 octobre 1864, j'ai trouvé, à 3 ou 4 secondes près, la même durée totale de l'éclipse par le calcul et l'observation.

On peut donc admettre que l'erreur inconnue sur le demi-diamètre de la lune, qui a produit une différence de 42 secondes sur la durée de l'éclipse, a pu altérer dans une forte proportion la longitude qu'on en a conclue. Dans tous les cas, il est évident que ce n'est pas *une seule observation* de cette nature qui peut faire rejeter, sans même les examiner, *les nombreuses observations du même genre* faites précédemment par d'autres astronomes, et toutes les longitudes chronométriques déterminées par les navigateurs. On devrait tout au plus la faire

---

[1] Tout le monde sait en effet quelle différence de température indique un thermomètre suspendu à l'air libre, successivement au soleil ou à l'ombre, si sa monture est installée de manière à ne pas absorber les rayons calorifiques.

Pendant l'éclipse annulaire que j'ai observée en 1864, à Sainte-Catherine, le thermomètre à l'ombre a indiqué les températures suivantes :

A 11h 00m, 1er contact .... 23° 1 ⎫ ciel sans nuages.
A 0 50   éclipse centrale .... 21 2 ⎬ un peu brumeux.
A 2 40   dernier contact .... 22 2 ⎭ faible brise.

entrer dans la moyenne générale avec son poids relatif, c'est-à-dire avec l'unité pour coefficient, puisqu'il n'y a aucun motif pour qu'elle ait plus ou moins de valeur que toutes les observations antérieures de même nature.

Si l'on a raison de ne pas adopter comme définitive une longitude trouvée par une seule traversée chronométrique, il serait bien plus imprudent encore d'adopter une longitude résultant d'une seule observation astronomique soumise à tant de causes d'erreurs diverses. Il faut bien reconnaître, du reste, que jamais une éclipse totale, phénomène si favorable pour déterminer une longitude, n'avait produit un résultat si erroné.

J'ajouterai ici, en passant, que M. Liais, qui a bien voulu recalculer mon observation de cette même éclipse que j'ai vue partielle à Buenos-Ayres, a trouvé pour longitude 3^h 2^m 4^s, qui n'est que de 7 secondes plus forte que la véritable, mais qui diffère de 43 secondes de la sienne.

Dans la même note de la *Connaissance des temps*, on lit que cet astronome a vérifié sa longitude de deux manières différentes, par des culminations lunaires et par une traversée chronométrique. Nous n'avons pas à discuter ses culminations, puisqu'il n'en donne ni les observations ni les résultats ; ce n'est donc encore qu'une simple affirmation qui ne peut pas avoir de valeur dans une semblable discussion.

La seconde vérification est une traversée chronométrique. Il a bien choisi le navigateur dont les observations offraient le plus de chances d'exactitude, l'amiral Fitz Roy ; mais au lieu de rattacher le Brésil aux premiers méridiens les plus voisins d'Europe ou des archipels atlantiques, ce qui aurait fait ressortir l'erreur manifeste de cette longitude, il a choisi une des plus longues et des plus dangereuses traversées pour les chronomètres, celle du cap Horn, pour aboutir à Valparaiso à un méridien fort éloigné sur lequel il est permis d'élever encore quelques doutes, et qui, dans tous les cas, n'a évidemment pas la certitude des premiers méridiens de l'Europe et des archipels intermédiaires.

En effet, Valparaiso a été relié par des observations géodésiques à l'observatoire de Santiago du Chili, et au Callao par de nombreuses traversées chronométriques. On peut donc comparer les diverses observations astronomiques directes faites sur ces trois points, pour déterminer la longitude de la côte Ouest de l'Amérique du Sud. Un rapide examen de ces observations prouvera ce que nous disons du doute qui peut encore exister sur la position de la côte du Chili.

Le 9 novembre 1802, Humboldt observa le passage de Mercure à Callao. Cette observation fut calculée avec le plus grand soin et comparée à l'observation semblable faite à Greenwich, Paris, Seeberg, Lilienthal, Berlin, Copenhague. Le résultat de ces calculs donna pour longitude du Callao.. $5^h\ 18^m\ 16^s$

La mission hydrographique anglaise de Fitz Roy, King et Stokes, observa plusieurs séries de culminations lunaires qui donnèrent...... $5^h\ 18^m\ 15^s$

Le 4 mai 1832, M. Scholtz observa le passage de Mercure. Cette observation comparée à celle de Breslau donna.................... $5^h\ 18^m\ 13^s\ 7$

Ces trois observations, qui s'accordaient presque identiquement, semblaient fixer d'une manière définitive, à 2 secondes ou 3 secondes près, la longitude de la côte occidentale de l'Amérique du Sud, quand M. Mœsta, directeur de l'observatoire de Santiago, détermina de nouveau, par 70 culminations lunaires, la longitude de cette côte, et trouva pour Callao... $5^h\ 17^m\ 57^s\ 9$

Parmi les autres observations faites sur le même point, on peut citer 19 culminations lunaires avec correspondantes observées par Beechey, qui lui donnèrent................... $5^h\ 18^m\ 8^s\ \ 6$

L'occultation de 644 du Scorpion, par la capitaine Basil Hall....................... $5^h\ 18^m\ 39^s\ 4$

4 culminations lunaires à Talcahuano, par M. Mouchez (1850)....................... $5^h\ 18^m\ 12^s$

Bien que les observations de M. Mœsta paraissent le plus dignes de confiance, on voit qu'il est permis de conserver encore quelques doutés et d'admettre que le premier méridien de la côte du Chili est beaucoup moins favorable à tous égards que ceux de l'Europe pour déterminer la longitude de la côte du Brésil à l'aide du transport du temps.

Si l'on se sert, au contraire, de la chaîne chronométrique de Fitz Roy et d'autres navigateurs pour relier, par des traversées beaucoup plus courtes, le Brésil à l'Europe, il devient parfaitement évident que la nouvelle longitude de la *Connaissance des temps* est trop faible de 30 à 35 secondes. Une telle erreur dépassant beaucoup les écarts que peuvent donner de bonnes séries chronométriques faites par des traversées de quinze à trente jours, on voit que M. Darondeau a prudemment agi en n'adoptant pas encore cette longitude d'une manière définitive.

Ce mémoire dissipera, nous l'espérons, toutes les incertitudes qui peuvent encore subsister sur cette question.

PREMIÈRE SECTION.

Détermination de la longitude du Brésil par le transport du temps des premiers méridiens les plus rapprochés.

On voit encore aujourd'hui beaucoup de personnes, surtout parmi celles qui n'ont pas fait usage des chronomètres pour déterminer des longitudes, affirmer que cette méthode n'a aucune valeur sérieuse, et qu'on ne doit jamais admettre comme définitif un résultat ainsi obtenu, même quand il a été vérifié par plusieurs traversées.

Il est cependant parfaitement certain, comme le prouvera la suite de ce mémoire, que, lorsque l'on a cinq ou six bons chronomètres bien compensés, comme ceux que nous fournit maintenant le Dépôt de la marine depuis que cet établissement est chargé de leur choix et de leur achat, et que ces chronomètres sont suivis par un observateur un peu expérimenté, on peut obtenir, après des traversées de vingt à vingt-cinq jours, une différence de méridiens au moins aussi exacte que celle que peut fournir une méthode directe ; et si l'on peut vérifier cette différence par deux ou trois traversées inverses, le résultat acquiert alors une telle certitude qu'il devient bien préférable à toute autre valeur obtenue par n'importe quel procédé astronomique, à moins que ces observations astronomiques ne soient elles-mêmes en grand nombre et faites par des observateurs exercés. Il suffit, en effet, de consulter un registre quelconque d'observations chronométriques pour voir quel faible écart existe, en général, entre des moyennes de huit à dix chronomètres, après une traversée de deux ou trois semaines; ces écarts sont évidemment beaucoup plus faibles que ceux qui existent entre les meilleures observations astronomiques, toujours si délicates à faire et à calculer.

La côte du Brésil est, d'ailleurs, parfaitement située pour rendre efficace l'emploi des chronomètres, puisque, par la vapeur, elle n'est plus éloignée de l'Europe que de trois semaines de navigation et moins encore si l'on emploie des méridiens intermédiaires dérivés de ceux de l'Europe et déterminés d'une manière certaine, à 1 ou 2 secondes près.

Pour faire converger sur le méridien de Rio-de-Janeiro le plus grand nombre de traversées et les plus courtes possibles, j'admets comme parfaitement connues, d'après mes derniers travaux, les longitudes relatives de tous les points de la côte du Brésil entre la Plata et la Guyane. Toutes ces longitudes, par rapport à Rio, sont en effet déterminées à une seconde de temps près pour les points principaux, tels que tous les ports fréquentés par les navigateurs, et à deux secondes près pour les points secondaires. Dans un mémoire publié après ma deuxième campagne en 1863 [1], j'ai donné le résumé de mon premier travail sur cette question. Dans ma troisième campagne, j'ai étendu et complété ce réseau d'observations en le vérifiant par une triangulation calculée ou graphique conduite sans interruption sur toute la côte du Brésil, simultanément avec la chaîne chronométrique. Les constructions graphiques ou calculées des trois campagnes reposent sur l'observation de 210,000 angles mesurés par moi et 95,000 mesurés par mes collaborateurs, et les longitudes observées à terre ou à la mer sont au nombre de 960 environ. Nous pourrons donc sans crainte admettre ce travail comme base indiscutable et reporter sur Rio toutes les observations chronométriques ou astronomiques faites sur un point quelconque de la côte, ce qui nous fournira un bien plus grand nombre de vérifications, en comparant ceux de ses points les plus près de l'Europe

---

[1] Longitudes chronométriques de la côte du Brésil (1863).

aux premiers méridiens les plus occidentaux, tels que ceux
des îles du cap Vert, de Madère et Ténériffe ou Sainte-Hélène, etc.

PREMIERS MÉRIDIENS SECONDAIRES DE L'OCÉAN ATLANTIQUE CONNUS
D'UNE MANIÈRE CERTAINE A 1 SECONDE OU 2 SECONDES PRÈS ET
QUI PEUVENT SERVIR A DÉTERMINER LA LONGITUDE DE LA CÔTE DU
BRÉSIL.

Outre les premiers méridiens de l'Europe, nous possédons
maintenant dans l'océan Atlantique Nord et Sud quelques premiers méridiens secondaires qui ont été, de la part des hydrographes anglais, l'objet d'importants travaux, et qui, étant
certainement connus à 1 seconde ou 2 secondes près, nous
faciliteront beaucoup la recherche de la longitude du Brésil,
puisque ces méridiens, situés entre les deux continents,
abrègent de moitié les traversées employées au transport du
temps.

Pour ne laisser aucun doute sur ce sujet, je citerai ici ces
premiers méridiens et les observations sur lesquelles ils sont
fondés.

Madère (Funchal). — Madère, situé à six ou huit jours de
navigation d'Europe, est la première île très-exactement déterminée que nous rencontrons; plusieurs expéditions hydrographiques y ont passé, et l'une d'elles a fait exprès la traversée
d'aller et retour avec dix-sept chronomètres. Ce point est
donc connu à quelques dixièmes de seconde près.

Foster a trouvé, avec 11 chronomètres (1828)...............,.... 1ʰ 17ᵐ 0ˢ 6
Tiarks, en 1822 (17 chronomètres), fait exprès deux traversées. 1 17 0 7
Rumker (chronomètres).................................... 1 17 0 2

Longitude de Madère (quai de Funchal)... 1ʰ 17ᵐ 0ˢ 6

Rumker et Wurms avaient obtenu par des occultations....... 1ʰ 17ᵐ 2ˢ 7
Sabine, par 160 distances lunaires......................... 1 17 1 6

Ténériffe (Môle). — La différence de méridien de ces deux îles, situées à trois ou quatre jours de navigation, est également très-exactement connue.

Foster a trouvé (4 jours, 13 chronomètres), Madère-Ténériffe................... .... 2ᵐ 40ˢ 5 = 1ʰ 14ᵐ 20ˢ 1
King (14 chronomètres), Madère-Ténériffe..... 2 40 4 = 1 14 20 3

D'où longitude de Ténériffe (Môle) = 1ʰ 14ᵐ 20ˢ2.

Porto-Praya. — Ce port des îles du cap Vert était un point anciennement très-fréquenté et dont la position est également certaine.

Fitz Roy a été d'Angleterre à Porto-Praya dans sa campagne du *Beagle*. Il a trouvé pour longitude de Porto-Praya :

Avec 21 chronomètres, dont 13 s'accordent à moins de 2 secondes près (22 jours)................................. 1ʰ 43ᵐ 22ˢ 2
Par la traversée de retour, passant par Angra, avec le même nombre de chronomètres............................. 1 43 20 7

Tiarks et King..................................... 1 43 23 9
Première campagne du *Beagle*.................. .... 1 43 22 0
Mouchez, Ténériffe-Praya = 29ᵐ 2ˢ 7 (5 chronomètres, 8 jours).. 1 43 22 9
Fleurieu, 1769...................................... 1 43 24
Borda, 1772.. 1 43 26

Longitude de Porto-Praya..... 1ʰ 43ᵐ 22ˢ 6.

Cap de Bonne-Espérance. — L'observatoire du cap de Bonne-Espérance, fondé et illustré par les travaux d'Herschell, est dirigé depuis trente ans par un savant astronome bien connu par ses nombreux travaux, M. Maclear.

Herschell, Henderson, Fallows, Maclear ont déterminé successivement ce méridien qui peut être considéré comme un des plus plus exacts du globe.

Longitude de l'observatoire du Cap... 1ʰ 4ᵐ 34ˢ 7.

Par une triangulation on a relié cet observatoire aux deux

ports voisins de Simon's Bay et Table Bay, où les navigateurs règlent leurs chronomètres. La distance n'est que de quelques milles.

Sainte-Hélène. — L'observatoire de Sainte-Hélène, fondé par la Compagnie des Indes, n'existe plus. La création de celui du cap de Bonne-Espérance vers 1825 lui enlevait une partie de son utilité ; mais on a conservé toutes les observations, et sa longitude peut également servir de premier méridien.

Longitude de l'observatoire de Sainte-Hélène... 0ʰ 32ᵐ 12ˢ 9

Entre ces deux premiers méridiens du Cap et de Sainte-Hélène, il a été fait plusieurs traversées chronométriques très-courtes qui ont servi à les vérifier :

1829. Foster a trouvé pour la différence de ces deux méridiens (14 jours)... 1ʰ 36ᵐ 48ˢ 6
— Fitz-Roy... 1 36 45 8

La différence, par les observations absolues est de 1ʰ 36ᵐ 47ˢ 6.

Ascension (Barak Square). — L'île de l'Ascension est également très-bien déterminée. Foster et Fitz Roy ont fait deux traversées de sept jours entre ce point et Sainte-Hélène. D'un autre côté, Vidal l'a relié à l'Europe en venant de Ténériffe.

Voici ces divers résultats :

Fitz-Roy, Ascension-Sainte-Hélène, 7 jours (14 chronomètres)... 34ᵐ 46ˢ 7 = 1ʰ 6ᵐ 59ˢ 6
Foster, Ascension-Sainte-Hélène, 7 jours (13 chronomètres)... 34 48 7 = 1 7 1 7
Duperey... 34 46 7 = 1 6 59 6
Vidal, venant d'Europe... 1 7 3 5
Sabine (1822)... 1 6 57 0
Owen (1826 Leven)... 1 7 4 0

Longitude adoptée....... 1ʰ 7ᵐ 1ˢ.

Tels sont les quatre ou cinq méridiens que nous pouvons faire concourir à déterminer la longitude du Brésil.

Je prends pour premier méridien de Rio celui qui passe par le fort de l'île Villegagnon, comme étant le point où ont observé tous les navigateurs.

Pour éviter les répétitions et ne pas surcharger ce mémoire de chiffres inutiles qu'il sera toujours possible de vérifier dans les ouvrages d'où on les tire, ou bien aux archives du Dépôt pour les travaux non publiés, il est entendu que je ne citerai que les résultats. Pour le même motif, je réduirai de suite toutes les observations au même point dans chaque localité.

L'ordre chronologique n'ayant pas dans cette question une grande importance, je citerai de suite les déterminations qui paraissent mériter le plus de confiance ; je terminerai par les miennes.

----

§ 1er. — *Fitz-Roy*, Beagle (22 chronomètres).

La campagne hydrographique de circumnavigation du *Beagle* (1831-1836) offre certainement la plus importante chaîne d'observations chronométriques qui ait jamais été faite ; 22 chronomètres ont été embarqués sur ce bâtiment, après avoir été choisis et éprouvés avec le plus grand soin, et pendant toute la durée de la campagne ils ont été l'objet des précautions les plus minutieuses. Aussi les résultats qu'ils ont fournis sont d'une précision remarquable et ont fait faire un notable progrès à la géographie maritime. Peu de temps avant sa déplorable fin, l'amiral Fitz Roy voulut bien me prêter le mémoire où il a publié le détail de ses observations : ce mémoire manque malheureusement dans nos bibliothèques. C'est de là que j'ai tiré les résultats suivants.

On y voit qu'en général, après quinze ou vingt jours de traversée, il y a toujours 12 ou 14 chronomètres s'accordant à 1 seconde ou 2 secondes près ; le même accord se retrouve jusqu'à la fin de la campagne. Quand une semblable expédition a déterminé une différence de méridiens par deux ou trois traversées d'une vingtaine de jours, donnant

2

identiquement le même résultat, quelles seront les observations astronomiques qui pourront offrir la même probabilité d'exactitude?

Première traversée. — D'Angleterre à Rio-de-Janeiro.

En 1831, le *Beagle* part de Devonport et touche successivement à Porto-Praya, Bahia et Rio-de-Janeiro, en réglant ses chronomètres à chaque relâche.

Voici la longitude de Rio-de-Janeiro résultant de cette première traversée :

Longitude de Devonport reliée trigonométriquement à Greenwich....	+ 0ʰ 16ᵐ 40ˢ 3
Différence de Devonport-Praya, 23 jours (20 chronomètres).	+ 1 17 20 7
Id. Praya-Bahia, 26 jours (21 chronomètres).	+ 1 00 3 0
Id. Bahia-Rio, 6 jours (21 chronomètres)....	+ 0 18 31 5
Id. Greenvich, Paris.....................	9 20 7
Première longitude de Rio-de-Janeiro...	**3ʰ 1ᵐ 56ˢ 2**

Pour donner une juste idée de l'extrême précision des travaux de l'amiral Fitz Roy et de l'excellence des chronomètres embarqués sur le *Beagle*, je donnerai ici le détail de la première traversée de vingt-trois jours de Devonport à Praya.

Longitude donnée par chacun des 20 chronomètres.				Moyenne :
	1ʰ 17ᵐ 21ˢ 68	1ʰ 17ᵐ 27ˢ 16	1ʰ 17ᵐ 19ˢ 90	
	21 68	20 58	20 52	
	20 69	23 90	22 23	
	17 06	21 12	20 39	1ʰ 17ᵐ 20ˢ 7
	20 33	20 47	21 8	
	23 5	24 42	21 43	
	21 43	17 73		

On voit que sur 20 chronomètres, il y en a :

12 qui diffèrent *de moins de 1 seconde de la moyenne,*

2 diffèrent de moins de 2 secondes,

5 diffèrent de moins de 4 secondes,

et 1 seulement diffère de 9ˢ 5.

C'est la seule expédition scientifique où l'on ait obtenu
d'aussi remarquables résultats, bien qu'il y ait déjà plus de
trente ans qu'elle ait été accomplie.

Deuxième traversée. — Retour en Angleterre.

Après cinq ans de campagne, le *Beagle* rentre en Angleterre, en touchant encore au Brésil. Nous avons donc là une
deuxième traversée inverse de la première, qui donne une
excellente vérification, et, malgré la longue durée de ce voyage,
nous trouvons encore 11 ou 12 chronomètres s'accordant à
1 seconde ou 2 secondes dans chaque traversée,

Longitude d'arrivée, Falmouth......................	+	0ʰ	28ᵐ	39ˢ	5
Différence d'Angra à Falmouth, 11 jours.............	+	1	20	10	5
Id. de Praya à Angra, 15 jours...................	—	0	14	50	3
Id. de Pernambouc à Praya, 12 jours..........	+	0	45	27	6
Id. de Pernambouc à Rio-de-Janeiro..........	+	0	33	9	2
Id. de Greenvich à Paris.....................	+		9	20	7

Deuxième longitude de Rio-de-Janeiro. 3ʰ 1ᵐ 57ˢ 2

Troisième traversée.—De Sainte-Hélène au Brésil.

La même campagne du *Beagle* nous offre une troisième traversée pouvant déterminer la longitude du Brésil par le transport du temps du cap de Bonne-Espérance et de Sainte-
Hélène.

Longitude de Sainte-Hélène......................	9ʰ	12ᵐ	32ˢ	0
Différence de Sainte-Hélène à l'Ascension, 4 jours (14 chro-				
nomètres)..........	0	34	47	7
Id. de l'Ascension à Bahia, 10 jours (15 chronomètres).	1	36	26	7
Id. de Bahia à Rio-de-Janeiro.....................	0	18	31	5

Troisième longitude de Rio-de-Janeiro... 3ʰ 1ᵐ 56ˢ 8

Ces trois résultats obtenus avec un si grand nombre de chronomètres et s'accordant à la seconde, bien qu'ils proviennent de traversées faites en sens inverse, partant de deux premiers méridiens tout à fait indépendants, donnent une telle certitude mathématique à cette longitude, qu'il me paraît évident qu'aucune observation scientifique ne pourra jamais obtenir un plus haut degré de probabilité.

Nous verrons, du reste, que toutes les meilleures observations faites au Brésil ne font qu'osciller autour de ce résultat et qu'elles s'en rapprochent d'autant plus qu'elles ont été faites avec plus de soin ou par des observateurs plus expérimentés. Il me paraît difficile d'imaginer aucune observation, de quelque nature qu'elle soit, pouvant infirmer un tel résultat, et s'il y a quelque erreur encore, il est évident qu'elle ne doit porter que sur les dixièmes de seconde ou la seconde au plus. En présence de ces trois longitudes, quelle valeur peut-on accorder à une seule longitude obtenue par une éclipse donnant $3^h 1^m 24^s$?

§ 2. — *Capitaine Foster*, Chanticleer, 1828. (15 chronomètres.)

Première traversée. — D'Angleterre au Brésil.

La campagne hydrographique de Foster a été faite avec 15 chronomètres, et les résultats en sont également très-dignes de confiance, mais ils sont cependant d'une moindre valeur que ceux de Fitz Roy.

En 1828 le *Chanticleer* part d'Angleterre et arrive à Fernando Noronha en trente-cinq jours. La moyenne de ces 15 chronomètres lui donnent :

Longitude de la pyramide de cette île......	$2^h 18^m 56^s 5$
Différence de longitude de Noronha à Rio...	$42\quad 56\quad 5$
Longitude de Rio-de-Janeiro........	$3^h 1^m 53^s$

Deuxième traversée.

Le *Chanticleer* a également fait en sept jours une traversée de l'Ascension à Noronha pour relier ces dex îles ; il a trouvé pour différence de méridiens avec 13 chronomètres :

Ascension-Noronha................	+	1ʰ	11ᵐ	57ˢ 0
Pyramide à l'O. de l'Observatoire.....	+			2 2
De Noronha à Rio-de-Janeiro.......	+		42	56 5
Longitude de l'Ascension..........	+	1	7	1

Longitude de Rio-de-Janeiro....   3ʰ 1ᵐ 56ˢ 7

§ 3. — *Capitaine Stokes.*

En 1825, le capitaine Stokes a trouvé avec le *Beagle* :

Longitude de Rio-de-Janeiro... 3ʰ 1ᵐ 57ˢ.

§ 4. — *Commodore Owen.*

En 1822, Owen a fait, avec 8 chronomètres et en trente jours, la traversée du cap de Bonne-Espéranee à Rio-de-Janeiro. Il a trouvé :

Différence de méridiens.......	4ʰ	6ᵐ	34ˢ 4
Longitude du Cap.............	1	4	34 7

Longitude de Rio-de-Janeiro. . 3ʰ 1ᵐ 59ˢ 7

Pendant la même campagne, la traversée de Gorée et Porto-Praya à Rio-de-Janeiro lui avait donné 3ʰ 2ᵐ 20ˢ.

§ 5. — *Capitaine Sabine.*

Pendant sa campagne pour la mesure du pendule, Sabine, avec 5 chronomètres, a déterminé quelques différence de méridiens ; mais ces observations, qui étaient secondaires pour lui, laissent un peu à désirer. Il a fait en dix-huit jours la traversée de l'Ascension à Bahia et a trouvé :

Pour cette différence de méridien.. 1^h 36^m 36^s
Différence de Bahia à Rio-de-Janeiro. 18 33 4
Longitude de l'Ascension......... 1 7 1

Longitude de Rio-de-Janeiro.... 3^h 2^m 10^s 4

§ 6. — *Capitaine Freycinet.*

Le capitaine Freycinet fit la traversée de France au Brésil. Il avait 5 chronomètres dont 2 fort mauvais (les 3 autres ne valaient guère mieux).

N° 72. Berthoud .... 3^h 2^m 26^s 5
N° 2868. Bréguet.................... 3 2 56 7
N° 158. Berthoud 3 2 23 4

Il a adopté pour Rio-de-Janeiro.. 3^h 2^m 30^s 8

§ 7. — *Capitaine Heywood.*

En allant de Sainte-Hélène à Rio-de-Janeiro, ce navigateur a trouvé :

Longitude de Rio-de-Janeiro... 3^h 1^m 32^s.

§ 8. — *Capitaine King.*

La campagne hydrographique du capitaine King, faite avec 14 chronomètres, offre des longitudes assez exactes, mais elles sont, je crois, un peu inférieures à celles de Foster.
Partant de Plymouth il relâche à Madère, Ténériffe et Rio-de-Janeiro. Il trouve pour longitude de Rio-de-Janeiro :

Par une première traversée .... 3^h 1^m 43^s 14
Par une deuxième traversée................ 3 1 47

§ 9. — *Expédition russe.*

Cette expédition a trouvé (en 1822)..... 3ʰ 2ᵐ 16ˢ.

§ 10. — *Commandant Roussin* (*la* Bayadère) (1819).

En partant de France pour sa campagne hydrographique du Brésil, le commandant Roussin touche à Ténériffe et fait route de là pour Sainte-Catherine, où il n'arrive qu'après une fort longue traversée de quarante à cinquante jours. Bien qu'il fût chargé d'une mission hydrographique fort importante il ne peut déterminer cette différence de méridiens qu'avec *un seul* chronomètre fort médiocre. Il trouve :

Anatomirim-Ténériffe.......	2ʰ	9ᵐ	51ˢ 2
Longitude de Ténériffe.....	1	14	20 2
Anatomirim-Rio de-Janeiro..		21	39 9

Longitude de Rio-de-Janeiro. 3ʰ 2ᵐ 31ˢ 5

Plus tard elle fut réduite à 3ʰ 2ᵐ 23ˢ.

C'est cette première longitude si erronée qui a faussé toutes les autres longitudes de la campagne de la *Bayadère.*

§ 11. — *Voyage de la* Bonite.

Au point de vue de la géographie, les résultats de cette campagne, qui eut cependant un certain retentissement, furent peu importants. Il n'y avait que 3 médiocres chronomètres à bord; ils furent soumis à un excès de formules empiriques et d'hypothèses gratuites qui ne purent qu'en fausser l'usage, puisque l'on négligea précisément l'effet de la température, seule cause de variation a peu près calculable.

La *Bonite* prit son point de départ de Cadix et trouva :

Chronomètre	Nº 3122	3ʰ	2ᵐ	19ˢ	99
—	Nº 103	3	1	58	76
—	Nº 92	3	2	18	51

Longitude de Rio-de-Janeiro.... 3ʰ 2ᵐ 12ˢ 42

On trouve pour moyenne, dans le tableau des observations de la *Bonite*, 3ʰ 2ᵐ 19ˢ 3, parce qu'on négligeait le nº 103 qui s'écartait trop, disait-on, de la longitude de Roussin, et précisément ce chronomètre donnait une longitude très-exacte.

§ 12. — *Capitaine Beechey*.

En partant de Ténériffe il trouve pour longitude de Rio-de-Janeiro 3ʰ 2ᵐ 14ˢ.

§ 13. — *Lieutenant Lartigue* (la Clorinde).

Allant de Ténériffe à Rio-de-Janeiro, en quarante jours (2 chronomètres), il trouve 3ʰ 2ᵐ 13ˢ 3.

§ 14. — *Lieutenant Lefèbre* (la Vénus).

La *Vénus* fit la traversée de Brest à Rio-de-Janeiro en quarante jours, avec 5 chronomètres qui ont donné les longitudes suivantes :

Nº 75. Bertheud	3ʰ	1ᵐ	21ˢ	2
— 76. —	3	1	16	0
— 127. —	3	2	17	25
— 186. Motel	1	2	25	9
— 175. —	3	2	24	6

Moyenne.......... 3ʰ 1ᵐ 56ˢ 6

§ 15. — *Capitaine Fouque* (*l'Aigrette*, 1821).

Il a fait en trente-cinq jours la traversée de la Martinique à Bahia. Il a trouvé avec 2 chronomètres :

Bahia-Martinique.................................	1ʰ 30ᵐ 6ˢ
Longitude de la Martinique....................	+ 4 15 38
De Bahia à Rio..................................	+ 18 35 4

Longitude de Rio-de-Janeiro..... 3ʰ 2ᵐ 5ˢ

§ 16. — *Frégate autrichienne* Novare.

Malgré le soin que l'on paraît avoir mis à l'armement de cette récente expédition scientifique, il faut bien reconnaître que, sous le rapport des longitudes chronométriques, les résultats auraient pu être meilleurs. La *Novare* alla en cinquante-deux jours de Funchal à Rio. Les 7 chronomètres, réglés au départ et à l'arrivée, donnent les longitudes suivantes :

Chronomètre A..........................	3ʰ 2ᵐ 21ˢ 0
— B..........................	3 2 14 9
— C..........................	3 2 16 0
— D..........................	3 2 9 9
— E..........................	3 1 21 4
— F..........................	3 1 56 8
— G..........................	3 2 26 5
Moyenne............................	3ʰ 2ᵐ 6ˢ 7
Différence : Marro Castello-Villegagnon.	5 5

Longitude de Rio-de-Janeiro... 3ʰ 2ᵐ 3ˢ 2

§ 17. — *M. Mouchez* (*le* D'Entrecasteaux, 1862).

Première traversée — Du Brésil en France.

En 1862, après avoir fini l'hydrographie des Abrolhos, je suis rentré en France en passant par le Para et la Corogne. Nous avions 4 chronomètres assez bons et bien réglés.

Voici les résultats que j'ai obtenus :

Para - Corogne (26 jours). (4 chronomètres).	291 Winerl....	2^h	40^m	31^s	6
	399 Jacob......	2	40	29	9
	238 Rodanet...	2	40	20	5
	109 Dumas.....	2	40	31	8
	Moyenne.......	2^h	40^m	28^s	5

$+ \quad 2^h\ 40^m\ 28^s\ 5$

Corogne - Rochefort. (3 jours) avec 5 chronomètres.	291 Winerl....	0^h	29^m	44^s	9
	399 Jacob......		29	46	7
	278 Rodanet...		29	43	5
	109 Dumas		29	46	2
	496 Dumas		29	42	4
	Moyenne.......	0^h	29^m	44^s	7

$+ \quad 0^h\ 29^m\ 44^s\ 7$

Para-Rio.....................	—	0	21	21 1
Longitude Rochefort..........	+	0	13	9

Longitude de Rio-de-Janeiro.... $3^h\ 2^m\ 1^s\ 1$

M. *Mouchez* (*le* Lamotte-Piquet, 1864-1866).

Deuxième traversée. — De France au Brésil.

Dans ma dernière campagne j'avais à bord du *Lamotte-Piquet* 5 bons chronomètres. Je n'ai pas besoin de dire qu'ils ont été l'objet de soins tout particuliers.

Les marches diurnes ont été déterminées à toutes les relâches.

En allant de France au Brésil j'ai touché exprès à la Praya pour régler les montres sur ce méridien et en transporter le temps au Brésil par la plus courte traversée possible.

Nous avons fait en douze jours la traversée de Porto-Praya à

Pernambouc, ce qui équivaut à très-peu près *au transport du temps, en douze jours, de Paris à Rio-de-Janeiro,* puisque nous avons vu plus haut que la longitude de la Praya pouvait être considérée comme exacte à 1 seconde près, et que la différence de Fernambouc à Rio est également certaine à moins de 1 seconde.

Voici les résultats que nous avons trouvés en faisant de suite la somme des deux extrémités connues de la chaîne (1ʰ 43ᵐ 22ˢ 6 = Long. Praya : 33ᵐ 9ˢ 5 = Rio-Fernambouc) :

MARCHES DIURNES.

		Départ.	Arrivée.		LONGITUDE.			
	291 Winerl....	(5ˢ 31	— 6ˢ 21) ...	3ʰ	2ᵐ	00ˢ	3
Praya-Pernambouc (29 jours).	425 Dumas......	(4 00	— 3 83) ...	3	1	54	4
	243 Leroy.....	(1 09	— 0 88) ...	3	1	54	8
	34 Scharf.....	(0 23	— 0 82) ...	3	1	50	2
	286 Vissière ...	(0 15	— 0 19) ...	3	1	52	6
	496 Dumas......	(2 49	— 0 40) ...	3	2	02	6

Longitude moyenne de Rio-de-Janeiro...   3ʰ 1ᵐ 55ˢ 8

M. Mouchez (*le* Lamotte-Piquet, 1864-1866).

Troisième traversée. — Du Brésil en France.

Après avoir terminé notre campagne hydrographique nous avons effectué notre retour en France en passant par la Guyane.

J'ai quitté les îles du Salut le 19 juillet et j'ai mouillé à Cherbourg le 17 août.

Voici les résultats de 4 chronomètres ; le 5ᵉ, ayant varié de 10 secondes de marche diurne, a été négligé.

MARCHES DIURNES.

		Départ.	Arrivée.		LONGITUDE.		
Guyane-Cher- bourg (29 jours).	291 Winerl...	(4ˢ 47 —	5ˢ 03) ..	3ʰ	2ᵐ	21ˢ	8
	425 Dumas...	(4 57 —	4 70) ..	3	1	59	2
	245 Leroy....	(14 45 —	15 02) ..	5	1	55	9
	286 Vissière..	(14 70 — 13 91) ..		5	1	57	8

Longitude moyenne de Rio-de-Janeiro, en écartant le Winerl......................... 3ʰ 1ᵐ 57ˢ 6

Le Winerl a varié de près de 1 seconde ¹/₂ de marche diurne, et le registre des comparaisons journalières prouve que pendant la traversée ses variations diurnes ont été irrégulières.

§ 18. — *Transport du temps entre l'Europe et le Brésil par les paquebots des Messageries Impériales.*

Chaque mois un paquebot transatlantique français part de Bordeaux le 25, arrive à Pernambouc le 11 ou le 12 du mois suivant, à Rio-de-Janeiro le 19 ; il repart de ce point le 24 et rentre à Bordeaux le 19, après une absence totale de 57 à 58 jours.

J'ai pensé qu'il y avait là une source précieuse de nouveaux documents sur la longitude du Brésil. Je me suis donc mis en relation avec M. Ducom, de Bordeaux, chargé de l'observatoire de la marine de cette ville, et il a bien voulu me prêter son concours pour ce travail en m'envoyant chaque mois au Brésil le règlement des chronomètres du paquebot qui partait. Je réglais ces mêmes chronomètres au port où je rencontrais le paquebot. J'ai donc pu réunir ainsi un assez grand nombre d'observations par des traversées d'une durée moyenne de vingt-cinq à vingt-six jours, faites avec 3 chronomètres.

Chacune de ces observations, prise isolément, n'a sans doute pas une très grande valeur, soit parce que les chronomètres vendus au commerce ne subissent pas les mêmes épreuves que ceux qui passent par le Dépôt de la marine pour être livrés aux bâtiments de l'État, soit parce que les marches n'ont pas été toujours déterminées avec toutes les précautions d'usage quand on s'occupe de déterminer des positions géographiques; mais ces observations sont assez nombreuses pour que leur moyenne acquierre un grand poids dans la moyenne générale, surtout si l'on considère que chaque chronomètre rentrant en France après une absence de cinquante-sept jours seulement, il est impossible que les écarts soient bien considérables, puisqu'on peut toujours avoir recours à la marche moyenne du voyage déduite des états absolus au départ et au retour.

Dans le tableau suivant j'ai classé les longitudes par chronomètre au lieu de les classer par traversée; il m'a paru préférable de suivre ainsi un chronomètre dans ses pérégrinations et ses changements de marche : on peut mieux apprécier la valeur de ses résultats.

Toutes les fois que j'ai pu séjourner assez longtemps près du paquebot pour déterminer les marches diurnes au Brésil, j'ai calculé deux longitudes pour chaque voyage, en prenant pour l'aller la moyenne des marches au départ de Bordeaux et à l'arrivée au Brésil, puis, pour le retour, la moyenne entre les marches du Brésil et de l'arrivée à Bordeaux. Quand j'ai séjourné moins de trois jours près du paquebot, j'ai calculé une seule longitude par chronomètre, en prenant pour marche diurne celle conclue des deux états de la montre le jour du départ de Bordeaux et le jour du retour, ce qui donnait la marche moyenne de tout le voyage. Ces résultats obtenus par une seule marche sont naturellement un peu moins exacts que les précédents.

Si l'on refait les calculs on trouvera peut-être quelquefois de petites différences pouvant s'élever à 2 ou 3 secondes; elles proviennent soit de la fraction de jour complétant la traversée, que je n'ai pas indiquée dans le tableau pour abréger, soit de l'influence de la température sur la marche diurne quand j'ai pu avoir quelques données suffisantes pour l'apprécier approximativement; ces différences sont toujours très-faibles. On pourrait, du reste, avoir recours à diverses combinaisons pour faire ces calculs et obtenir des résultats partiels un peu différents; mais la moyenne générale sera toujours à très-peu près la même.

Dans le tableau suivant, à chaque chronomètre correspondent généralement 3 nombres; le 1er et le 3e représentent l'état absolu à Bordeaux au départ et à l'arrivée : il est indiqué par la lettre B; le 2e représente l'état absolu sur Rio-de-Janeiro à l'arrivée au Brésil : il est indiqué par la lettre R; après chaque état absolu, se trouve la marche diurne correspondante; enfin, la dernière colonne contient les longitudes déduites; il y en a 2 par chronomètre quand la marche diurne a été réglée à Rio; il n'y en a qu'une quand cette marche n'a pas été obtenue.

La seule inspection de cette dernière colonne prouve de la manière la plus évidente que la possibilité d'une erreur de 30 secondes, qui ferait que cette longitude serait de $3^h 1^m 24^s$ au lieu de $3^h 1^m 57^s$, est tout à fait insoutenable; c'est à peine si sur une centaine de résultats on en trouvera deux ou trois qui donnent une valeur aussi divergente que celle que propose aujourd'hui la *Connaissance des temps*.

Longitude de Rio-de-Janeiro par les chronomètres des Messageries Impériales.

ANNÉES.	MOIS.	CHRONOMÈTRES.	ÉTATS ABSOLUS.	MARCHES DIURNES.	LONGITUDE.
			h. m. s.		h. m. s.
1861.	22 mai. B.	3471 Froshdam.	— 0 2 55.0	— 2.3	»
—	22 juin. R.	—	+ 2 57 48.7	»	3 1 58.4
—	20 juillet. B.	—	— 0 5 17.5	— 1.4	»
—	21 septembre. B.	—	— 0 6 10.5	— 0.55	3 1 52.9
—	20 octobre. R.	—	+ 2 55 23.6	— 0.76	»
—	18 novembre. B.	—	— 0 7 26.8	— 3.50	3 1 48.6
1862.	22 janvier. B.	—	— 0 10 35.0	— 3.0	»
—	3 mars. R.	—	+ 2 49 49.4	»	3 2 0.0
—	22 mars. B.	—	— 0 12 56.0	— 1.8	»
1861.	23 juillet. B.	380 Jacob.	+ 0 1 26.0	+ 1.6	»
—	23 août. R.	—	+ 3 3 57.0		3 1 53.8
—	18 septembre. B.	—	+ 0 2 34.3	+ 2.5	»
—	21 novembre. B.	—	+ 0 5 28.2	+ 2.8	3 1 43.0
—	25 décembre. R.	—	+ 3 9 10.2	+ 4.3	3 2 13.0
—	23 janvier. B.	—	+ 0 8 13.0	+ 2.5	3 2 35.0
1861.	21 juin. B.	348 Dumas.	— 0 5 8.5	+ 1.4	»
—	24 juillet. R.	—	+ 2 57 10.6	»	3 1 50.8
—	26 août. B.	—	— 0 4 12.0	»	»
—	21 septembre. B.	—	— 0 3 23.5	+ 2.0	3 1 57.6
—	25 octobre. R.	—	+ 2 59 40.2	+ 1.72	»
—	18 novembre. B.	—	— 0 1 37.3	+ 2.0	3 2 2.1
1862.	22 janvier. B.	—	+ 0 0 16.0	+ 1.8	»
—	3 mars. R.	—	+ 3 3 25.4	»	3 1 44.0
—	22 mars. B.	—	+ 0 2 26.0	+ 3.2	»
1861.	23 août. B.	3560 Froshdam.	— 0 3 6.6	+ 1.1	»
—	29 septembre. R.	—	+ 2 57 47.2	»	3 2 0.2
—	21 octobre. B.	—	— 0 4 51.5	+ 1.5	»
—	21 novembre. B.	—	— 0 5 29.0	— 1.3	3 1 58.0
—	25 décembre. R.	—	+ 2 55 53.0	— 2.0	»
—	23 janvier. B.	—	— 0 7 26.5	— 1.5	3 2 5.8
1861.	22 mai. B.	486 Winerl.	+ 0 0 57.5	+ 1.4	3 1 58.3
—	25 juin. R.	—	+ 3 3 41.0	+ 1.26	»
—	Ressort cassé.	—	»	»	»

ANNÉES.	MOIS.	CHRONOMÈTRES.	ÉTATS ABSOLUS.	MARCHES DIURNES.	LONGITUDE.
			h. m. s.		h. m. s.
1861.	21 septembre. B.	466 Winerl.	— 0 0 5.0	— 0.32	3 1 52.2
—	25 octobre. R.	—	+ 3 1 55.4	— 0.52	3 1 59.1
—	18 novembre. B.	—	— 0 0 38.8	+ 0.5	3 2 14.2
1862.	25 décembre. B.	—	— 0 0 52.4	+ 0.2	3 1 58.0
—	18 janvier. R.	—	+ 3 1 20.0	— 0.49	3 2 2.4
—	21 février. B.	—	— 0 0 57.0	+ 1.0	3 2 27.0
—	25 août. B.	843 Winerl.	+ 0 12 18.4	+ 5.2	»
—	29 septembre. R.	—	+ 3 17 34.7	»	3 1 47.0
—	24 octobre. B.	—	+ 0 17 51.5	+ 7.3	»
1864.	25 juillet. B.	833 Breguet.	— 0 7 54.0	+ 1.4	»
—	23 août. R.	—	+ 2 54 24.0	»	3 1 50.0
—	18 septembre. B.	—	— 0 7 3.0	+ 2.5	»
—	20 octobre. B.	—	— 0 5 38.1	+ 2.6	3 2 3.8
—	19 novembre. R.	—	+ 2 57 40.0	+ 2.3	3 2 0.8
—	21 décembre. B.	—	— 0 2 59.5	»	»
1862.	22 janvier. B.	—	— 0 1 0.2	+ 3.8	»
—	3 mars. R.	—	+ 3 5 13.7	»	3 1 57.2
—	22 mars. B.	—	+ 0 2 22.0	+ 4.0	»
1864.	21 juin. B	2808 Baraud.	— 0 0 28.5	0.4	3 1 43.7
—	24 juillet. R.	—	+ 3 1 28.4	»	»
—	Août. B.	—	»	»	»
—	20 octobre. B.	—	+ 0 0 18.1	+ 1.0	3 1 54.5
—	19 novembre. R	—	+ 3 2 42.3	+ 0.1	»
—	21 décembre. B.	—	+ 0 0 50.0	+ 0.4	3 2 5.0
—	28 mai. B.	832 Breguet.	— 0 44 40.0	— 5.9	3 1 58.3
—	25 juin. R.	—	+ 2 13 28.5	— 6.44	3 1 56.0
—	20 juillet. B	—	— 0 51 16.5	— 6.3	3 2 6.0
—	23 août. B.	—	— 0 54 42.1	— 6.2	»
—	29 septembre R.	—	+ 2 3 51.2	»	3 2 2.7
—	24 octobre. B.	—	— 1 0 47.5	— 4.9	»
—	21 novembre. B.	—	— 0 0 10.4	— 4.7	3 1 44.0
—	25 décembre. R.	—	+ 2 58 39.8	— 5.54	3 1 55.8
—	25 janvier. B.	—	— 0 5 54.0	— 4.5	3 2 8.0
—	23 juillet. B.	2415	+ 0 1 30.7	— 1.0	»
—	25 août. R.	—	+ 3 1 56.0	»	3 1 50.2
—	18 septembre. B.	—	— 0 1 3.0	»	»

ANNÉE.	MOIS.	CHRONOMÈTRES.	ÉTATS ABSOLUS.	MARCHES DIURNES.	LONGITUDE.
			h. m. s.		h. m. s.
1864.	22 août. B.	863 Breguet.	+ 0 19 33.8	+ 5.3	»
—	30 septembre. R.	—	+ 3 25 7.1	»	3 1 54.5
—	19 octobre. B.	—	+ 0 24 59.1	»	»
1865.	23 juin. B.	—	− 0 0 29.4	+ 0.1	3 2 4.4
—	24 juillet. R.	—	+ 3 1 37.8	+ 0.1	3 1 49.0
—	22 août. B.	—	− 0 0 13.6	»	»
1866.	23 mai. B.	—	− 0 1 3.3	+ 2.1	3 1 43.0
—	12 juin. R.	—	+ 3 1 43.0	»	3 2 13.0
—	19 juillet. B.	—	+ 0 0 31.6	+ 2.5	»
1864.	22 août. B.	488 Winerl.	+ 0 12 40.8	+ 2.8	»
—	30 septembre. R.	—	+ 3 16 29.2	»	3 2 1.3
—	19 octobre. B.	—	+ 0 15 20.0	+ 2.8	3 2 2.2
—	22 novembre. B.	—	+ 0 16 43.2	+ 2.5	3 2 14.6
—	20 décembre. R.	—	+ 3 20 0.5	+ 2.32	3 2 2.0
—	20 janvier. B.	—	+ 0 19 33.2	+ 2.33	3 1 43.0
1865.	22 février. B.	—	+ 0 20 54.5	+ 2.7	3 2 3.6
—	20 mars. R.	—	+ 3 24 16.1	+ 3.3	»
1865.	23 mai. B.	—	+ 0 25 49.0	+ 3.75	3 1 56.3
—	21 juin. R.	—	+ 3 29 28.2	+ 3.27	»
—	21 juillet. B.	—	+ 0 29 1.0	+ 3.50	3 2 8.8
—	23 août. B.	—	+ 0 31 7.9	+ 3.8	3 2 1.1
—	13 septembre. R.	—	+ 3 34 26.6	+ 3.5	»
—	24 octobre. B.	—	+ 0 34 40.8	+ 3.3	3 2 6.6
—	24 octobre. B.	—	+ 0 34 40.8	+ 3.3	3 2 17.2
—	13 novembre. R.	—	+ 3 38 17.2	+ 3.85	»
—	21 décembre. B.	—	+ 0 38 17.0	+ 2.0	3 1 58.6
—	13 avril. B.	—	+ 0 45 36.9	+ 3.9	»
—	30 mai. R.	—	+ 3 50 18.0	»	3 2 4.8
—	21 juin. B.	—	+ 0 49 58.1	+ 4.6	»
1864.	30 septembre. R.	832 Breguet.	2 59 22.1	»	»
—	19 octobre. B.	—	0 1 31.9	+ 2.6	3 1 43.0
1865.	23 décembre. B.	—	− 0 32 1.7	− 3.3	3 1 43.5
—	12 janvier. R.	—	+ 2 28 35.8	»	3 2 8.1
—	19 février. B.	—	− 0 36 20.0	− 3.0	»
1864.	22 septembre. B.	843 Breguet.	− 0 1 46.3	+ 1.10	3 1 59.9
—	20 octobre. R.	—	+ 3 0 35.2	+ 0.44	»
—	19 novembre. B.	—	− 0 1 16.5	+ 1.2	3 2 14.1

ANNÉES.	MOIS.	CHRONOMÈTRES.	ÉTATS ABSOLUS.	MARCHES DIURNES.	LONGITUDE.
			h. m. s.		h. m. s.
1863.	22 décembre. B.	843 Breguet.	− 0 0 24.7	+ 1.8	3 1 47.0
—	17 janvier. R.	—	+ 3 1 35.7	− 0.7	3 2 5.4
—	21 février. B.	—	− 0 0 40.2	+ 0.75	3 2 12.4
—	23 juin. B.	—	+ 0 0 24 1	+ 0.6	3 1 50.1
—	20 juillet. R.	—	+ 3 2 30.4	+ 0.57	3 1 58.3
—	22 août. B.	—	+ 0 0 41.4	»	»
1866.	23 mai. B.	—	− 0 1 53.7	− 3.6	3 2 3.7
—	12 juin. R.	—	+ 2 58 37.5	»	3 1 40.2
—	19 juillet. B.	—	− 0 5 10.9	− 1.8	»
1864.	22 septembre. B.	855 Breguet.	+ 0 8 44.0	+ 1.10	3 2 3.0
—	20 octobre. R.	—	+ 3 11 8.6	+ 0.44	»
—	19 novembre. B.	—	+ 0 9 6.0	− 0.30	3 2 4.0
—	22 décembre. B.	—	+ 0 9 26.8	+ 0.3	3 1 57.7
—	17 janvier. R	—	+ 3 10 50.9	− 2.56	»
—	21 février. B.	—	+ 0 7 34.1	− 1.00	3 2 1.1
1865.	23 juillet. B.	—	+ 0 6 19.0	0.0	3 2 2.0
—	16 août. R.	—	+ 3 8 17.1	− 0.45	»
—	18 septembre. B.	—	+ 0 6 4.1	0.0	3 2 4.0
—	23 septembre. B.	—	+ 0 6 3.8	0.0	3 1 58.6
—	15 octobre. R.	—	+ 3 7 59.6	− 0.2	3 1 58.6
—	18 novembre. B.	—	+ 0 5 54.0	+ 0.4	3 1 58.8
—	23 décembre. B.	—	+ 0 5 53.8	+ 0.5	3 1 49.5
—	12 janvier. R.	—	+ 3 7 53.0	»	3 2 3.0
—	19 février. B.	—	+ 0 5 41.5	+ 0.1	»
1864.	22 octobre. B.	845 Breguet.	+ 0 22 9.1	+ 2.1	3 1 56.8
—	18 novembre. R.	—	+ 3 24 59.9	+ 1.93	»
—	21 janvier B.	—	+ 0 23 4.5	+ 2.6	3 1 55.0
—	18 février. R.	—	+ 3 27 55.5	+ 1.3	»
—	(Bearn naufragé).	—	»	»	»
1864.	22 octobre. B.	855 Breguet.	− 0 0 36.0	+ 1.9	3 1 55.6
—	18 novembre. R.	—	+ 3 1 42.8	+ 1.32	3 1 51.8
—	21 décembre. B.	—	+ 0 0 29.6	+ 1.3	3 1 56.2
1865.	21 janvier. B.	—	+ 0 0 28.5	+ 1.4	3 1 55.5
—	18 février. R.	—	+ 3 2 43.5	+ 0.3	»
1865.	22 février. B.	867 Breguet	+ 0 3 1.3	+ 2.0	3 1 52.1
—	20 mars. R.	—	+ 3 5 50.5	+ 2.4	»

ANNÉES.	MOIS.	CHRONOMÈTRES.	ÉTATS ABSOLUS.	MARCHES DIURNES.	LONGITUDE.
			h. m. s.		h. m. s.
1865.	25 mai. B.	867 Breguet.	+ 0 8 1.0	+ 6.1	»
—	21 juin. R.	—	+ 3 11 59.2	»	3 2 11.2
—	21 juillet. B.	—	+ 0 11 38.5	+ 4.2	»
—	23 août B.	—	+ 0 14 22.9	+ 5.2	3 1 49.2
—	13 septembre. R.	—	+ 3 17 54.9	+ 4.45	3 2 1.9
—	24 octobre. B.	—	+ 0 18 41.0	+ 5.52	3 2 38.7
1866.	25 avril. B.	—	− 0 1 12.8	− 3.1	»
—	30 mai. R.	—	+ 2 57 41.5	»	3 1 42.0
—	21 juin. B.	—	− 0 5 39.9	− 3.9	»
1865.	24 octobre. B.	—	+ 0 18 41.0	+ 5.5	3 1 38.2
—	15 novembre. R.	—	+ 3 22 2.6	+ 3.85	»
—	21 décembre. B.	—	+ 0 23 3.0	+ 7.0	3 1 50.0
1864.	22 septembre. B.	348 Dumas.	+ 0 4 20.6	+ 2.2	3 2 11.0
—	20 octobre. R.	—	+ 3 7 32.2	+ 2.2	»
—	19 novembre. B.	—	+ 0 6 23.5	+ 1.6	3 2 7.1
—	22 décembre. B.	—	+ 0 7 16.3	+ 1.5	3 1 46.1
—	17 janvier. R.	—	+ 3 9 24.8	+ 0.14	»
—	21 février. B.	—	+ 0 8 2.1	+ 0.6	3 1 35.4
1865.	23 juillet. B.	—	+ 0 15 38.0	+ 4.7	3 2 7.5
—	16 août. R.	—	+ 3 19 19.3	+ 3.5	»
—	23 septembre B.	—	+ 0 19 12.5	+ 3.74	3 2 2.5
—	15 octobre. R.	—	+ 3 22 29.7	+ 3.8	3 1 51.6
—	18 novembre. B.	—	+ 0 22 41.0	+ 4.8	3 2 2.6
1865.	23 décembre. B.	—	+ 0 25 4.3	+ 4.5	»
—	12 janvier. R.	—	+ 3 28 31.1	»	3 2 4.4
—	19 février. B.	—	+ 0 28 56.0	+ 4.7	»
1864.	22 novembre. B.	355 Dumas.	+ 0 0 40.0	+ 1.0	3 2 11.3
—	20 décembre. R.	—	+ 3 3 13.7	+ 0.89	»
—	20 janvier. B.	—	+ 0 1 43.5	+ 1.33	3 1 59.7
1865.	22 février. B.	—	+ 0 2 25.3	+ 1.45	3 1 50.5
—	20 mars. R.	—	+ 3 5 0.0	+ 1.9	»
—	23 mars. B.	—	+ 0 4 54.5	+ 1.87	3 1 51.2
—	21 juin. R.	—	+ 3 7 37.8	+ 1.7	»
—	21 juillet. B.	—	+ 0 6 30.0	+ 2.4	3 2 6.8
—	23 août. B.	—	+ 0 8 2.2	+ 2.7	3 2 6.0
—	13 septembre. R.	—	+ 3 10 58.6	+ 2.17	»
—	24 octobre. B.	—	+ 0 10 29.2	+ 2.5	3 2 0.0

ANNÉES.	MOIS.	CHRONOMÈTRES.	ÉTATS ABSOLUS.	MARCHES DIURNES.	LONGITUDE.
			h. m. s.		h. m. s.
1865.	24 octobre. B.	353 Dumas.	+ 0 10 29.2	+ 2.5	3 2 2.6
—	15 novembre. R.	—	+ 3 13 25.5	+ 2.36	»
—	21 décembre. B.	—	+ 0 12 44.5	+ 1.50	3 1 56.1
—	25 avril. B.	—	+ 0 18 49.2	+ 3.7	-»
—	30 mai. R.	—	+ 3 22 17.3	»	3 1.53.5
—	21 juin. B.	—	+ 0 21 20.1	+ 3.6.	»
—	21 janvier. B.	486 Winerl.	+ 0 0 25.0	+ 1.2	3 1 51.0
—	18 février. R.	—	+ 3 2 46.8	+ 1.1	»
—	*Bearn* naufragé.	—	»	»	»
—	26 avril. B.	3260 Parkenam.	+ 0 2 50.8	— 0.2	3 1 46.9
—	18 mai. R.	—	+ 3 4 35.1	— 0.2	3 1 54.4
—	21 juin. B.	—	+ 2 2 28.8	— 0.2	3 1 57·5
—	23 mai. B.	380 Jacob.	+ 0 6 44.3	+ 1.7	3 1 54.8
—	12 juin. R.	—	+ 3 9 12.3	»	»
—	23 juin. B.	—	+ 0 0 1.1	+ 1.3	3 1 52.7
—	20 juillet. R.	—	+ 3 2 15.4	+ 0.4	3 2 8.0
—	22 août. B.	—	+ 0 0 16.1	»	»
—	23 juillet. B.	3113 Barraud.	— 0 0 34.0	+ 1.5	3 1 52.7
—	16 août. R.	—	+ 3 1 43.7	+ 0.6	3 2 5.1
—	18 septembre. B.	—	— 0 0 3.4	+ 1.5	3 2 19.4
—	23 septembre. B.	—	+ 0 0 4.3	+ 1.5	3 1 52.2
—	15 octobre. R.	—	+ 3 2 23.7	+ 1.79	3 1 59.7
—	18 novembre. B.	—	+ 0 1 24.0	+ 2.2	3 2 17.7

Moyenne des observations contenues dans le tableau précédent.

	ALLER.					RETOUR.			MARCHE MOYENNE.		
	52s9	38s3	47s0	55s5	51s2	48s6	62s2	50s0	60s0	49s0	61s5
	43.0	44.0	50.1	52.1	66.0	95.0	43.0	67.1	73.0	62.0	64.8
	57.6	64.1	63.7	49.2	62.6	62.1	68.8	35.4	60.0	65.4	68.0
	58.0	74.6	57.7	38.2	51.0	65.8	66.6	59.7	59.1	58.3	40.2
	58.3	63.6	62.2	71.0	46.9	74.2	58.6	66.8	62.4	54.8	58.6
	52.7	56.3	58.6	46.1	54.8	87.0	74.0	60.0	47.0	61.9	63.0
	56.0	61.1	49.5	67.5	52.7	60.8	72.4	56.1	50.0	54.4	42.0
	63.8	77.2	56.8	62.5	52.7	65.0	61.1	57.5	60.8	68.0	51.6
	43.7	43.5	55.0	71.3	52.9	66.0	64.0	79.4	57.2	65.1	64.4
	54.5	59.9	35.6	50.5	»	68.0	56.2	58.8	56.0	54.5	53.5
									55.8	73.0	59.7
Moyennes partielles.......	54.5	58.26	53.62	56.39	54.53	66.38	62.69	59.1	58s3	60s4	57s0

Aller........ 55s.32 Retour... 62s.69 Marche moyenne.. 58s.60

Moyenne générale............ { 50 chronomètres (aller)............. 3h 1m 55s37
30 — (retour)............ 3 1 62.69
33 — (marche moyenne)... 3 1 58.60

Longitude de Rio (chronomètres des Messageries Impériales)............. 3h 1m 58s 60

RÉSUMÉ GÉNÉRAL DES OBSERVATIONS CHRONOMÉTRIQUES.

Nous présenterons dans le tableau ci-après toutes les précédentes longitudes obtenues par les chronomètres avec les éléments dont elles dépendent.

	NOMS des NAVIGATEURS.	ANNÉES.	TRAVERSÉE.	CHRONOMÈTRES.	LONGITUDE.	1er MÉRIDIEN de DÉPART.
			Jours.		h. m. s.	
1	Fitz Roy.	1831.	21	22	3 1 56.2	Devonport et Por-to-Praya.
2	Id.	1835.	14	22	3 1 57.2	Porto-Praya - Fal mouth.
3	Id.	1835.	17	22	3 1 56.8	Ascension
4	Foster.	1828.	35	15	3 1 53.0	Falmouth.
5	Id.	»	7	13	3 1 56.7	Ascension.
6	Stokes.	1825.	»	»	3 1 57.0	Angleterre.
7	Owen.	1822.	30	8	3 1 59.7	Cap de Bonne-Espérance.
8	Id.	»	»	»	3 2 20.0	Porto-Praya.
9	Sabine.	1828.	18	5	3 2 10.4	Ascension.
10	Freycinet.	»	»	3	3 2 30.8	France.
11	Heywood.	»	»	»	3 1 32.0	Sainte-Hélène.
12	King.	»	»	14	3 1 45.1	Ténériffe.
13	Roussin.	1819.	50	1	3 2 34.5	Id.
14	Bonite.	»	»	3	3 2 12.4	Cadix.
15	Beechey.	»	»	»	3 2 14.0	Ténériffe.
16	Lartigue.	1822.	43	2	3 2 13.0	Id.
17	Lefebvre	1836.	40	5	3 1 56.6	Brest.
18	Fouque.	1821.	35	2	3 2 5.0	Martinique.
19	Novare.	1858.	52	7	3 2 2.7	Madère.
20	Mouchez.	1862.	26	4	3 2 1.0	Rochefort.
21	Id.	1864.	12	6	3 1 55.8	Praya.
22	Id.	1866.	29	4	3 1 57.6	Cherbourg.
23	Id. ⎫ Mess.-Imp.	1862.	Aller.... 24	50	3 1 55.37	Bordeaux.
24	Id. ⎬	1862.	Retour... 28	30	3 1 62.69	Id.
25	Id. ⎭	1866.	Marche moyenne 29	33	3 1 58.6	Id.

La longitude la plus faible de ces 25 déterminations chronométriques, celle de Heywood (11) 3^h 1^m 32^s est encore de 6 ou 7 secondes plus forte que celle que propose la *Connaissance des temps*.

Pour déduire de ce tableau la longitude la plus probable il est évident d'abord qu'il n'y a pas lieu de prendre une moyenne générale; il faudrait commencer par déterminer le poids de chaque résultat en le multipliant par un coefficient proportionnel au nombre de chronomètres et à peu près inversement proportionnel à la longueur des traversées. Mais cela ne suffirait pas encore, puisqu'on ne tiendrait pas compte par cette formule de la valeur particulière du chronomètre, ni de celle de l'observateur, ni du soin qu'il a apporté dans son travail. Je pense donc qu'il est préférable de commencer par faire ressortir les résultats qui offrent *avec évidence* le plus de garantie : on voit que ce sont ceux provenant des campagnes spécialement consacrées à l'hydrographie.

(1)-(2)-(3)	Les trois taversées de Filz Roy.	3^h 1^m 56^s	2
		3 1 57	2
		3 1 56	8
(4)-(5)	Les deux traversées hydrographiques de Foster.	3 1 55	0
		3 1 56	7
(6)	Stokes, traversée hydrographique.	3 1 57	
(7)	Owen, id.	3 1 59	7
(12)	King, id.	3 1 45	1
(De 20 à 23) Mouchez.	*D'Entrecasteaux*.	3 1 61	0
	Lamotte-Piquet.	3 1 55	8
		3 1 56	7
	Messag. Impér...	3 1 55	3
		3 1 62	6
		3 1 58	6

La probabilité d'exactitude de chaque résultat, autrement dit son poids, est bien proportionnel au nombre de chronomètres employés; mais on ne peut pas dire avec une égale certitude que ce poids est inversement proportionnel à la longueur de la traversée, car la plupart des bons chronomètres, lorsqu'ils varient, conservent une marche très-uniformément variée, quand ils ne subissent aucune perturbation accidentelle, ce qu'indique immédiatement le registre de comparaisons diurnes. On tient compte de cette variation régulière en employant les marches de départ et d'arrivée, et l'on détruit par ce seul fait l'erreur provenant de la variation proportionnelle au temps.

Nous pensons donc qu'on peut sans erreur sensible négliger le coefficient inconnu, qui ne corrigerait d'ailleurs que très-faiblement l'erreur provenant de la longueur de la traversée, et nous contenter de prendre la moyenne en multipliant chaque résultat isolé par le nombre de chronomètres qui l'a produit. En faisant cette opération on arrive à la valeur définitive suivante :

Longitude de Rio-de-Janeiro par le transport du temps,
   à l'aide de 222 chronomètres et de 48 traversées... 3ʰ 1ᵐ 57ˢ 047.

Les onze traversées négligées, et qui représentent au plus une trentaine de chronomètres, sont toutes faites par des bâtiments n'ayant pas eu de mission spéciale et n'ayant pas apporté dans le choix et le règlement des chronomètres les précautions indispensables pour obtenir de bonnes longitudes. Ces traversées appartiennent presque toutes à des navires français de 1820 à 1830, époque à laquelle nos chronomètres étaient si défectueux et si inférieurs à ceux des Anglais. Nous pensons donc que le rejet de ces observations, qui ne feraient qu'augmenter d'une très-petite quantité la moyenne générale, est parfaitement justifié.

Ce tableau montre ce que j'ai dit plus haut de la concordance des longitudes obtenues par des traversées chronométriques faites dans de bonnes conditions.

On voit que, généralement, après une traversée de vingt à trente jours, elles présentent de bien moins grands écarts que les observations astronomiques. Sur 14 résultats il n'y en a que 3 qui s'écartent de la moyenne de plus de 3 à 4 secondes.

Nous allons voir qu'il en est tout autrement des observations astronomiques.

SECTION DEUXIÈME.

Longitude de la côte du Brésil par des méthodes astronomiques directes.

Je réunirai également dans cette section toutes les longitudes du Brésil que j'ai pu trouver dans les divers voyages publiés ou dans les ouvrages spéciaux, et, comme dans la première section, je n'omettrai aucune de ces observations, bonne ou mauvaise. J'indiquerai seulement, autant que possible, les circonstances particulières qui peuvent aider à préciser le degré de confiance qu'on peut accorder à chacun d'elles.

§ 1er. — LONGITUDE DE LA COTE DU BRÉSIL PAR LES CULMINATIONS LUNAIRES.

De toutes les méthodes qu'offre l'astronomie pour déterminer les longitudes, aucune n'est plus simple en théorie et en pratique, ni plus exacte dans ses résultats que celle qui consiste à déterminer en deux lieux différents l'ascension droite de la lune, au moment de son passage au méridien, par sa comparaison à des étoiles voisines, afin d'en conclure la différence d'heures.

Le capitaine Beechey est un des premiers navigateurs qui en ait fait un fréquent usage pendant sa campagne hydrographique du *Blossom*, et l'on s'explique difficilement comment un procédé si facile et si exact ne se soit pas plus répandu dans la marine. On voit, en effet, même dans les plus récentes campagnes scientifiques, faire un usage presque exclusif des chronomètres, qui ne donnent que des longitudes relatives, toujours discutables quand on est très-éloigné d'un premier méridien, ou des distances lunaires qui offrent de si grands écarts dans leurs résultats, et qui ne sont réellement utiles que pour corriger la route à la mer, quand on n'a pas de confiance dans les chronomètres.

Je ne connaissais aucune expédition scientifique française ayant fait usage de cette méthode, quand j'essayai pour la première fois de l'appliquer, en 1843, à la détermination de la longitude de Nankin. A défaut d'autre instrument, je fus obligé d'employer un cercle répétiteur de Gambey, installé en lunette méridienne; mais le peu de stabilité du pied m'empêcha de réussir, et je m'occupai, dès mon retour en France, de faire construire un petit instrument méridien très-portatif, peu dispendieux et d'un maniement facile, afin de donner à tout officier chargé des chronomètres dans les stations ou campagnes lointaines de faire des observations extrêmement utiles pour les progrès de la géographie. Il suffit, en effet, de quelques jours d'étude pour qu'une personne, déjà habituée aux observations usitées dans la marine, soit parfaitement capable de manier cet instrument. La facilité avec laquelle on obtient de bons résultats ne pouvait d'ailleurs manquer de faire naître le goût des observations astronomiques, rendues plus attrayantes encore par la beauté des nuits tropicales si habituelle dans les voyages de circumnavigation et dans les mers où séjournent la plupart de nos stations navales.

L'habile artiste Brunner, auquel voulut bien m'adresser M. Laugier, comprit parfaitement mon projet, et exécuta un premier modèle avec lequel je fis exprès, sur la *Capricieuse*, une campagne autour du monde, de 1850 à 1854, dans le but de déterminer au delà des caps quelques premiers méridiens; mais ma position de simple officier à bord et le service très-actif de cette campagne ne me permirent de rapporter que des travaux très-incomplets. Éclairé par cette expérience, je fis exécuter, au retour de la *Capricieuse*, un second modèle beaucoup plus complet, et adapter un cercle azimutal qui rendait cet instrument un véritable altazimut pouvant permettre de faire les observations astronomiques les plus variées; le diamètre des cercles augmenté et l'installation des microscopes permettaient d'éva-

luer la seconde ; un micromètre oculaire et un collimateur
vertical à bain de mercure donnaient de très-grandes facilités pour faire toutes les rectifications ou mesurer les petites
erreurs. Ce second instrument a aussi bien réussi que le premier, et c'est aujourd'hui un des principaux objets de fa-
brication des ateliers de Brunner.

Cependant il ne s'est pas encore assez répandu dans la
marine, et il n'a pas donné jusqu'ici les résultats qu'on doit
en attendre. Mon projet était, en effet, de l'appliquer de suite
à la détermination de quelques méridiens principaux répartis
sur la surface du globe, de manière à arrêter les erreurs et
les oscillations de tous les réseaux de longitudes chronométriques sur lesquels est fondée la construction de nos cartes
marines.

Il n'existe encore aujourd'hui hors d'Europe et des côtes
de l'océan Atlantique qu'un très-petit nombre de localités où
l'on ait établi des observatoires permanents publics ou privés
et dont on connaisse, par conséquent, la longitude à 2 ou
3 secondes de temps près. Parmi ces points, il faut citer
le cap de Bonne-Espérance, Madras, Sydney, Paramatta,
Williamstown, Hong Kong, Tahiti, Santiago du Chili, etc., etc.
A part ces points fixes, malheureusement trop rares encore,
on peut admettre qu'il existe un doute de 10 à 20 secondes de
temps, c'est-à-dire de 2 à 5 milles, sur la plupart des positions
maritimes du globe éloignées de ces premiers méridiens. Mais
ces erreurs étant en général plutôt absolues que relatives, il
faut reconnaître en même temps qu'elles n'offrent à la navigation nul danger ni nul inconvénient sérieux, car aucun marin,
quelle que soit sa confiance dans les chronomètres, ne compte
jamais sur une erreur moindre que 4 à 5 milles quand il
rallie la côte après une quinzaine de jours de navigation.

C'est donc plutôt au point de vue scientifique qu'au point
de vue pratique qu'il serait intéressant de refaire un travail
général sur les longitudes, et ce travail d'ensemble est aujour-
d'hui nécessaire si l'on veut faire faire quelque progrès
réel à cette question, car la multiplicité des campagnes
scientifiques et des travaux hydrographiques isolés, entrepris
depuis la fin du dernier siècle, a tellement enchaîné les uns
aux autres, à 2 ou 3 milles près, tous les points maritimes

habituellement fréquentés, qu'il est devenu impossible de corriger une position qu'on saurait *absolument* fausse sans changer simultanément de proche en proche toutes les positions voisines *relativement* exactes par rapport à ce premier méridien erroné ; il en résulte des difficultés inextricables quand on cherche à améliorer les tables géographiques, difficultés d'autant plus grandes que ces corrections ne peuvent plus porter que sur de très-petites quantités.

La seule manière rationnelle et en résumé la plus courte de résoudre ce problème serait donc de procéder à un remaniement général de tous les travaux que l'on possède aujourd'hui, en leur donnant pour base huit à dix méridiens bien répartis sur le globe et choisis surtout *parmi les points les plus fréquentés;* cette dernière condition est d'une très-grande importance, puisque c'est par ces points-là que passent la plupart des réseaux chronométriques, et que leur détermination donnerait immédiatement et sans autre travail la possibilité de fixer d'une manière définitive tous les points environnants. La méthode des culminations lunaires, mise en usage à l'aide de la lunette méridienne portative, dont je me suis efforcé d'introduire et de répandre l'usage dans la marine, pourra seule résoudre cette question. Il suffirait de donner un de ces instruments à chacune de nos stations navales, et de choisir quelques officiers de bonne volonté, en leur donnant toutes les facilités possibles de faire les observations chaque fois que le permettraient les loisirs souvent prolongés des stations lointaines. [1]

Mais il est bon de rappeler que depuis quinze ou vingt ans les hydrographes anglais ont fait d'excellents et nombreux travaux dans les mers de l'Inde et de l'Océanie, et qu'ils ont tellement amélioré les tables géographiques des positions maritimes de toutes les mers du globe, qu'il faudra aujourd'hui, sur chaque point que l'on voudra corriger, une série d'observations astronomiques bien parfaites pour inspirer plus de confiance que ces travaux ; on ne doit pas oublier non plus que les plus grandes corrections que l'on pourra ainsi obtenir dépasseront bien rarement 3 ou 4 milles.

---

[1] Le Bureau des longitudes s'occupe, dit-on, actuellement, de cette question.

Culminations lunaires observées au Brésil,

Par M. Mouchez.

Avant de donner les résultats de mes observations méridiennes de la lune, comme dans la recherche de cette longitude je les crois d'une grande valeur relativement à toutes les autres observations astronomiques faites dans le même but, je commencerai par donner quelques renseignements sur les précautions que j'ai prises pour obtenir les meilleurs résultats possibles.

L'esprit de cette ingénieuse et excellente méthode repose essentiellement sur ce fait si fécond dans les sciences d'observation, que s'il est extrêmement difficile de mesurer avec la dernière rigueur une *quantité absolue*, il est, au contraire, extrêmement facile de mesurer très-exactement des *différences*, car toutes les erreurs qui peuvent s'accumuler dans le premier cas s'évanouissent d'elles-mêmes dans le second.

Il serait très-difficile, dans les circonstances locales où l'on se trouve habituellement en cours de campagne, de déterminer avec une suffisante précision l'ascension droite de la lune à l'aide d'un petit instrument souvent très-incommodément installé; il faudrait de très-minutieuses précautions et une grande habitude des observations délicates qu'on ne pourrait attendre que d'astronomes de profession. Tandis qu'en se bornant à déterminer la différence d'ascension droite de la lune et d'étoiles voisines, on annule par ce seul fait et presque rigoureusement les huit ou dix causes d'erreurs qui pourraient altérer la mesure de l'ascension droite absolue; en outre, par le peu d'influence que conservent toutes ces petites causes d'erreur, cette observation devient si facile qu'après quelques jours d'études et de pratique on peut obtenir des résultats qui ne le cèdent guère en exactitude à ceux des observatoires permanents.

Si, comme cela a lieu habituellement, la hauteur des étoiles decomparaison ne diffère au plus que de 3 ou 4 degrés de celle de la lune, toutes les erreurs d'instrument qui sont fonction de cette hauteur s'annulent à très-peu près rigoureusement dans la différence des deux passages.

L'erreur de temps s'annule de la même manière, si l'on a observé, comme cela doit toujours avoir lieu, des étoiles avant et après la lune; car, quelque médiocre que soit un chronomètre, on peut bien admettre que sa marche diurne, qui n'est généralement que d'un très-petit nombre de secondes en 24 heures, reste régulière pendant une heure ou deux que peut durer l'observation.

Quant à l'erreur d'orientation toujours facile à déterminer, elle n'a qu'une très-faible influence sur la longitude, puisque, si la lunette dévie de 1 seconde vers l'Est ou vers l'Ouest, cela revient à mesurer l'ascension droite de la lune en un lieu situé 1 seconde plus Est ou plus Ouest. Cette erreur se reporte donc simplement en vraie grandeur sur le résultat final; or, il est très-facile d'orienter la lunette à 1 ou 2 secondes près, il est très-facile de déterminer sa déviation, et, enfin, il faut rappeler que cette erreur ayant pour coefficient le cosinus de la hauteur de l'astre, son influence est encore bien diminuée sous les tropiques, où la lune passe généralement à une très-grande hauteur. C'est alors sur le niveau que se reporte l'exactitude de la détermination de l'heure du passage, et il suffit, pendant le cours des observations, de vérifier si ce niveau ne change pas, ce qui aura généralement lieu quand on aura choisi une base bien stable. C'est précisément là, d'ailleurs, le point essentiel et absolument indispensable dans ce genre d'observation ; il faut obtenir *une fixité complète de l'instrument* et ne mouvoir la lunette qu'avec une grande légèreté de main. Quand on peut obtenir ces deux conditions, on est certain de faire d'excellentes observations.

Quant aux erreurs provenant de l'axe optique et de l'équation personnelle, il n'y a pas lieu d'en tenir compte, puisqu'il est possible, par la rectification de l'instrument, de réduire la première dans de très-étroites limites, et que l'une et l'autre s'évanouissent dans le résultat, comme affectant également les deux passages.

On voit donc que ces nombreuses causes d'erreurs qui peuvent altérer dans une si forte proportion l'ascension droite absolue de la lune et la longitude qu'on en déduirait, n'agissent, pour ainsi dire, que par des erreurs de second ordre sur l'ascension droite relative, et n'ont qu'une très-faible influence sur les longitudes déduites des culminations lunaires, quand les étoiles de comparaison ont sensiblement la même hauteur que la lune.

Il est sans doute très-important de pouvoir se procurer des observations correspondantes, et c'est facile à trouver deux ou trois ans après l'époque où l'on a observé, en compulsant les publications des principaux observatoires de l'Europe; cependant, si on a pu obtenir dans le même lieu une vingtaine de culminations réparties entre deux ou trois lunaisons, la moyenne que l'on obtiendra sera, à très-peu près, affranchie des erreurs des éphémérides de la lune, car aujourd'hui ces éphémérides ont acquis une grande exactitude; depuis qu'elles sont calculées sur les tables d'Hansen les erreurs s'élèvent rarement à plus de 3 ou 4 dixièmes de seconde en plus ou en moins. L'importance des observations correspondantes n'est donc plus aussi grande, et on pourra en cours de campagne obtenir immédiatement une longitude déjà très-approchée en se servant des ascensions droites données par le *Nautical almanach* dans les tables intitulées: *Moon culminating Stars*, qu'on regrette de ne pas trouver encore dans notre *Connaissance des temps;* mais ces éphémérides se sont tellement améliorées depuis quelques années, qu'elles ne peuvent tarder bien longtemps à adopter aussi ces tables de culminations lunaires.

Calcul du mouvement horaire en ascension droite.

Le seul point délicat dans le calcul de la longitude par cette méthode est la détermination du mouvement horaire de la lune; car c'est évidemment sur cet élément que repose toute l'exactitude du résultat.

Le *Nautical almanach* donne ce mouvement horaire déterminé avec la plus grande précision pour l'heure du passage de

la lune au méridien supérieur et inférieur de Greenwich. On
a proposé plusieurs méthodes d'interpolation pour en conclure celui qu'on doit adopter dans le calcul de la longitude
d'un autre méridien.

Après avoir essayé tour à tour ces diverses formules qui
augmentent le calcul sans en accroître sensiblement la précision, voici la méthode très-simple et pratiquement très-ri-
goureuse à laquelle j'ai été conduit en examinant cette question
au point de vue géométrique :

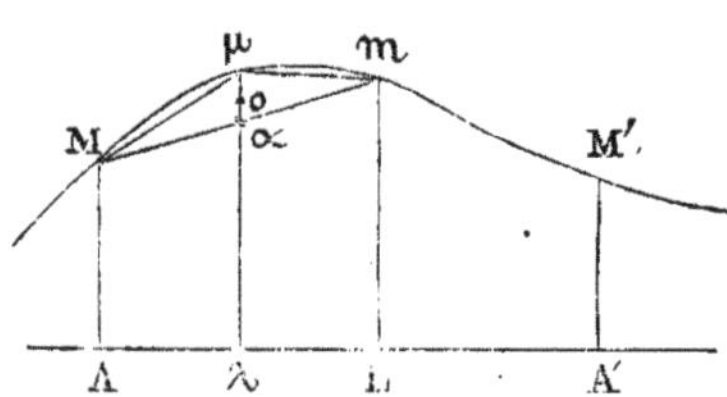

Soit $MAM'A'$ le mouve-
ment horaire de la lune
donné dans le *Nautical
almanach* pour l'heure
du passage au méridien
supérieur et inférieur
de Greenwich; soit mL
le mouvement horaire

correspondant au lieu où l'on a observé. Comme la longitude
est toujours connue d'une manière très-approchée, on obtiendra mL avec assez d'exactitude en poussant l'interpolation
jusqu'aux différences troisièmes.

On peut considérer l'aire comprise entre les deux or-
données MA, mL, l'axe des x, et la fraction de courbe $M\mu m$
comme représentant la différence des Æ mesurées aux deux
lieux A et L, c'est-à-dire la *somme* des mouvements horaires,
pris à des intervalles infiniments petits; le problème se réduit
donc à chercher par quelle ordonnée il faut diviser cette surface pour trouver la ligne AL représentant la longitude cher-
chée.

On voit que si l'on se bornait à prendre la moyenne $\alpha\lambda$ des
deux mouvements MA donné par les tables et mL résultat de
la première interpolation, ou aurait dans le cas actuel un
diviseur trop faible et une longitude trop grande, puisqu'on ne
considérerait que le trapèze $AMmL$.

On voit également que si pour plus d'exactitude on cher-
chait à employer le mouvement horaire $\mu\lambda$ calculé également
par interpolation pour le demi-intervalle λA des deux méri-

diens, on obtiendrait un diviseur trog grand. Mais la moyenne $o\lambda$ de ces deux lignes $\alpha\lambda$ $\mu\lambda$ donnera une solution extrêmement approchée, car le centre de gravité du petit triangle $M\mu m$ étant au tiers de la longueur $\alpha\mu$, celui de la surface comprise entre la ligne droite Mm et la fraction du courbe $M\mu m$ sera un peu plus élevé et se rapprochera davantage du point o. On ne commettra donc qu'une erreur excessivement petite en adoptant le diviseur $o\lambda$ pour obtenir la longitude AL.

Pour un lieu comme Rio-de-Janeiro, situé à 3 heures de longitude, en poussant les interpolations jusqu'aux différences troisièmes, la différence entre les deux mouvements horaires $\mu\lambda$ et $\alpha\lambda$ s'élevait rarement au-dessus de 0ˢ 005; généralement elle n'était que de 0ˢ 001 à 0ˢ 002. On est donc certain d'obtenir ainsi le mouvement horaire en Æ à moins de 0ˢ 001 , ce qui ne peut occasionner sur la longitude que des erreurs sur les dixièmes de seconde.

Méthode employée pour noter l'heure.

J'ai toujours observé les passages aux cinq fils en donnant le top à deux aides, comptant chacun sur son chronomètre; de cette manière j'avais plus de chance d'éviter les erreurs de lecture ou d'attention, et d'améliorer la moyenne.

Je sais que beaucoup d'astronomes rejettent ce mode de noter l'heure, et ils pensent qu'il est plus exact d'enregistrer soi-même l'instant du passage au fil en partageant également son attention entre l'œil qui suit l'étoile et l'oreille qui perçoit les battements de la pendule. Mais ce mode d'observer, praticable dans la chambre bien close et bien silencieuse d'un observatoire, devient tout à fait impraticable en plein air, quand le vent, le bruit de la mer, des nuées d'insectes bourdonnant autour de la lumière de l'instrument, et un éclairage défectueux sont autant de continuelles distractions qui ne permettent pas à l'observateur de percevoir avec assez d'exactitude la concordance des deux sensations.

D'ailleurs, une très-longue expérience m'a prouvé que par la méthode généralement employée par les marins et dont j'ai toujours fait usage, il est très-facile d'obtenir les *deux dixièmes de seconde*. Nous avons à bord des bâtiments des timonniers intelligents, très-exercés à ce service par les observations journalières relatives aux chronomètres, et qui arrivent à estimer les fractions de seconde avec une grande exactitude. A bord du *Lamotte-Piquet*, où j'attachais une importance particulière aux observations, nos timonniers étaient arrivés à estimer l'heure en moyenne à 0ˢ 14, comme je vais le prouver ci-après par la discussion de nos observations. J'étais donc à peu près certain d'avoir la moyenne des cinq fils, c'est-à-dire l'ascension droite de la lune à 0ˢ 1. Je ne crois pas que dans la plupart des observatoires, qui n'ont pas encore d'enregistreur électrique, on obtienne une exactitude beaucoup plus grande.

Pour écarter les doutes qui pourraient s'élever à cet égard et donner la mesure exacte de la valeur de nos observations relativement à l'enregistrement de l'heure du passage à chaque fil, je vais discuter ici quelques-unes de mes observations prises au hasard dans les dernières culminations à Rio-de-Janeiro, et déterminer, à l'aide des formules des moindres carrés, l'erreur moyenne et l'erreur probable, soit d'une observation isolée, soit d'une série.

La méthode la plus expéditive pour estimer d'une manière suffisamment approximative l'exactitude avec laquelle on détermine le moment précis du passage à un fil est de supposer exacte la moyenne de cinq fils et de comparer à cette moyenne l'observation du troisième fil. Si l'on répète cette opération sur plusieurs séries, on arrivera bientôt à une moyenne très-satisfaisante. En choisissant les jours où l'on a observé des astres ayant une faible déclinaison, on évitera encore, et sans erreur sensible sur ce genre de calcul, de réduire chaque étoile à l'équateur.

Le tableau qui suit présente cinq jours d'observations, entre le 30 juillet et le 7 août, et contient la notation de l'heure par chacun des deux aides désignés sous le nom de chronomètre A et chronomètre B. On a introduit dans ce tableau, *sans en éliminer une seule*, toutes les observations faites chaque jour.

La première colonne contient la différence entre la moyenne

des cinq fils et le troisième fil situé, à très-peu près, au centre de gravité des cinq fils. On voit que cette différence, qui représente l'erreur d'observation sur un seul fil, est en général de 1 à 2 dixièmes de seconde.

La deuxième colonne contient la différence de l'erreur moyenne avec chacune des erreurs partielles.

La troisième colonne contient le carré de ces différences.

Soit E l'erreur moyenne d'un résultat isolé;

E_s l'erreur moyenne d'une série;

δ la différence de l'erreur moyenne d'une série avec chacune des erreurs partielles;

m le nombre d'observations d'une série;

ε l'erreur probable d'un résultat isolé;

ε_s l'erreur probable d'une série.

La théorie des moindres carrés donne les formules suivantes :

$$E = \sqrt{\frac{\Sigma (\delta^2)}{(m-1)}} \qquad \varepsilon = 0{,}674 \sqrt{\frac{\Sigma (\delta^2)}{(m-1)}}$$

$$E_s = \sqrt{\frac{\Sigma (\delta^2)}{m(m-1)}} \qquad \varepsilon_s = 0{,}674 \sqrt{\frac{\Sigma (\delta^2)}{m(m-1)}}$$

CHRONOMÈTRE A.			CHRONOMÈTRE B.		
ERREURS.	δ	δ^2	ERREURS.	δ	δ^2
30 juillet 1865.			**30 juillet 1865.**		
+ 0ˢ08	0ˢ00	0ˢ0000	+ 0ˢ08	0ˢ11	0ˢ0121
+ 0.04	0.04	0.0016	— 0.16	0.13	0.0169
— 0.02	0.10	0.0100	— 0.08	0.05	0.0025
+ 0.08	0.00	0.0000	+ 0.12	0.15	0.0225
+ 0.18	0.10	0.0100	— 0.10	0.07	0.0049
— 0.02	0.10	0.0100	+ 0.08	0.11	0.0121
— 0.10	0.18	0.0324	— 0.20	0.17	0.0289
— 0.10	0.18	0.0324	0.00	0.03	0.0009
+ 0ˢ08		00ˢ964	— 0ˢ032		0ˢ1008

$$E = 0^s 1161 \qquad\qquad E = 0^s 1200$$
$$\varepsilon = 0.0782 \qquad\qquad \varepsilon = 0.080$$
$$E_s = 0.038 \qquad\qquad E_s = 0.040$$
$$\varepsilon_s = 0.026 \qquad\qquad \varepsilon_s = 0.026$$

CHRONOMÈTRE A.			CHRONOMÈTRE B.		
ERREURS.	δ	δ^2	ERREURS.	δ	δ^2
1er août.			**1er août.**		
+ 0ˢ04	0.14	0.0196	+ 0ˢ08	0.12	0.0144
0.00	0.10	0.0100	— 0.04	0.00	0.0000
— 0.00	0.10	0.0100	— 0.04	0.00	0.0000
— 0.12	0.02	0.0004	— 0.16	0.12	0.0144
— 0.02	0.08	0.0064	— 0.28	0.32	0.1022
— 0.08	0.02	0.0004	— 0.04	0.08	0.0064
— 0.14	0.04	0.0016	— 0.10	0.14	0.0196
— 0.26	0.16	0.0256	— 0.20	0.16	0.0256
— 0.02	0.08	0.0064	— 0.00	0.04	0.0016
— 0.10	0.00	0.0000	— 0.08	0.04	0.0016
+ 0.30	0.40	0.1600	+ 0.20	0.24	0.0567
— 0.12	0.02	0.0004	— 0.00	0.04	0.0016
— 0.50	0.40	0.0160	— 0.30	0.26	0.0676
— 0.20	0.10	0.0100	— 0.08	0.04	0.0016
— 0.00	0.10	0.0100	+ 0.10	0.14	0.0196
— 0ˢ10		0ˢ2768	— 0ˢ014		0ˢ3340

$$E = 0^s 14 \qquad\qquad E = 0^s 1540$$
$$\varepsilon = 0.10 \qquad\qquad \varepsilon = 0.103$$
$$E_s = 0.037 \qquad\qquad E_s = 0.040$$
$$\varepsilon_s = 0.024 \qquad\qquad \varepsilon_s = 0.025$$

CHRONOMÈTRE A.			CHRONOMÈTRE B.		
ERREURS.	δ	δ^2	ERREURS.	δ	δ^2
3 août.			**3 août.**		
$+$ 0ˢ10	0ˢ27	0ˢ0729	— 0ˢ34	0ˢ18	0ˢ0324
— 0.20	0.03	0.0009	— 0.12	0.04	0.0016
— 0.24	0.07	0.0049	— 0.16	0.00	0.0000
$+$ 0.10	0.27	0.0729	— 0.06	0.22	0.0484
0.00	0.17	0.0289	— 0.12	0.04	0.0016
— 0.04	0.13	0.0169	— 0.16	0.00	0.0000
— 0.40	0.23	0.0529	— 0.36	0.20	0.0400
— 0.22	0.05	0.0025	— 0.32	0.16	0.0256
— 0.26	0.09	0.0081	— 0.04	0.20	0.0400
— 0ˢ17		0ˢ2609	— 0ˢ16		0ˢ1890

$$E = 0ˢ181 \qquad\qquad E = 0ˢ154$$
$$\varepsilon = 0.1213 \qquad\qquad \varepsilon = 0.1032$$
$$E_s = 0.060 \qquad\qquad E_s = 0.051$$
$$\varepsilon_s = 0.040 \qquad\qquad \varepsilon_s = 0.034$$

CHRONOMÈTRE A.			CHRONOMÈTRE B.		
ERREURS.	δ	δ^2	ERREURS.	δ	δ^2
4 août.			**4 août.**		
— 0ˢ22	0ˢ05	0ˢ0025	— 0ˢ40	0ˢ35	0ˢ1225
— 0.26	0.09	3.0081	— 0.04	0.01	0 0001
— 0.26	0.09	0.0081	0.00	0.05	0.0025
— 0.26	0.09	0.0081	— 0.20	0.15	0.0225
0.00	0.17	0.0289	— 0.06	0.01	0.0001
— 0.30	0.13	0.0169	— 0.33	0.38	0.0444
— 0.40	0.23	0.0529	— 0.28	0.33	0.1089
— 0.22	0.05	0.0025	— 0.10	0.05	0.0025
$+$ 0.04	0.21	0.0441	— 0.08	0.13	0.0169
0.00	0.17	0.0289	— 0.12	0.07	0.0049
— 0.20	0.03	0.0009	— 0.04	0.01	0.0001
— 0.22	0.05	0.0025	— 0.36	0.31	0.0961
— 0.12	0.05	0.0025	— 0.16	0.11	0.0121
— 0.16	0.01	0.0001	— 0.04	0.09	0.0081
— 0ˢ172		0ˢ2070	— 0ˢ051		0ˢ3417

$$E = 0.123 \qquad\qquad E = 0ˢ165$$
$$\varepsilon = 0.082 \qquad\qquad \varepsilon = 0.110$$
$$E_s = 0.031 \qquad\qquad E = 0.04$$
$$\varepsilon_s = 0.021 \qquad\qquad \varepsilon_s = 0.03$$

Quatorze passages observés le 5 août donnent de même :

Chr. A... $E = 0^s 14$ $\varepsilon = 0^s 0934$ $E_{\prime} = 0^s\ 05$ $\varepsilon_{\prime} = 0^s 031$
Chr. B... $E = 0\ 11$ $\varepsilon = 0\ 0748$ $E_{\prime} = 0\ 032$ $\varepsilon_{\prime} = 0\ 0213$

Les moyennes de ces cinq jours d'observations donnent :

	Chr. A	Chr. B
Erreur probable sur une seule observation...	$0^s 096$	$0^s 094$
Erreur probable sur la moyenne d'une série..	$0\ 029$	0.027

On voit donc que les deux aides qui notaient l'heure sur les chronomètres appréciaient la fraction de seconde identiquement de la même manière, et qu'ils ne commettaient qu'une erreur probable de 1 dixième de seconde sur chaque observation ; ce qui réduisait l'erreur probable sur la moyenne d'une série à $0^s 03$.

Il est bien entendu, comme je l'ai déjà dit, que cette limite ainsi déterminée est en réalité la somme de deux erreurs provenant l'une de l'observateur qui notait l'heure, et l'autre de celui qui observait le passage au fil.

Je dois dire ici que j'ai plusieurs fois essayé d'améliorer encore les résultats par l'observation de 11 fils, en suivant la lune avec le fil mobile du micromètre et prenant le passage à chaque demi-intervalle des fils ; mais je me suis aperçu, par expérience, que je n'obtenais pas de meilleures moyennes, et que je risquais beaucoup plus de commettre des erreurs à cause du peu de temps qui s'écoulait entre le passage de chaque demi-fil. J'ai dû me borner à l'observation des 5 fils fixes.

Résultats des observations.

J'ai observé sur la côte orientale de l'Amérique du Sud plusieurs séries de culminations lunaires :

La 1re à Parana (ancienne capitale des provinces intérieures de la Confédération argentine) sur une terrasse située à 2 secondes à l'E. du port.

La 2ᵉ à Buenos-Ayres (église de la Merced), dans un petit observatoire appartenant à un horloger de la ville.

La 3ᵉ à Parana.

La 4ᵉ et la 5ᵉ à Rio-de-Janeiro, sur une terrasse de la Gloria dominant la baie et située 3ˢ 2 à l'O. de Villegagnon.

J'ai relié Parana à Buenos-Ayres par dix-sept traversées chronométriques de trois à huit jours (avec deux chronomètres); la différence de méridien est certaine à une demi-seconde près.

Buenos-Ayres a été de même relié à Montevideo et Rio-de-Janeiro par un très-grand nombre de traversées faites, soit par moi, soit par d'autres navigateurs. Cette différence de méridiens est également certaine à 1 seconde près. On peut donc, sans aucune incertitude, ramener toutes ces observations à Rio-de-Janeiro.

Culminations lunaires observées à Buenos-Ayres et Parana.

Dans le tableau suivant, j'ai donné pour tous les jours d'observation l'Æ moyenne de la lune, telle qu'elle résulte de sa comparaison à toutes les étoiles observées, l'heure temps moyen du lieu (qu'il n'est pas nécessaire de connaître quand on emploie, comme je l'ai fait, le mouvement horaire de la lune), le demi-diamètre de la lune pour l'heure du passage, et enfin la longitude obtenue. Ces observations ont été calculées à l'aide d'observations correspondantes de Greenwich ou de Paris, et pour les rares jours où je n'ai pas trouvé de correspondantes, j'ai corrigé l'Æ du *Nautical*, en employant les observations qui précédaient et suivaient celles du jour où elles manquaient.

OBSERVATIONS

OBSERVATIONS DE CULMINATIONS LUNAIRES FAITES A PARANA ET A BUENOS-AYRES,

Par M. Mouchez, capitaine de frégate.

1857 — 1860.

	DATE	BORD OBSERVÉ.	ÆR	☾	HEURE T. M.	$\frac{\rho}{15\cos D.}$	LONGITUDE du lieu.	LONGITUDE Rio.
			h. m. s.		h. m. s.		h. m. s.	h. m. s.
1857. PARANA.	15 avril....	2e	19 1 36.00		17 23 42.8	1′ 8″8	4 11 27.2	3 1 54.2
	16 avril....	1er	19 59 24.67		18 17 26.44	1 8 3	4 11 18.2	3 1 45.6
	6 août....	2e	22 23 15.00		13 20 29.70	1 4 9	4 11 33.3	3 2 00.3
	29 août....	1er	18 11 17.95		7 38 49.60	1 8 7	4 11 23.0	3 1 50.0
	29 octobre.	1er	23 42 01.40		9 8 51.20	1 4 9	4 11 27.7	3 1 54.7
	30 octobre.	1er	0 34 42.60		9 57 28.4	1 6 1	4 11 36.0	3 2 03.0
	2 novemb.	2e	3 36 47.60		12 47 11.2	1 13 3	4 11 26.3	3 1 53.3
	4 novemb.	2e	5 55 46.66		14 57 57.4	1 15 1	4 11 36.5	3 2 03.5
	5 novemb.	2e	7 04 16.61		16 2 17.2	1 13 3	4 11 37.8	3 2 04.8
1858. BUENOS-AYRES.	16 octobre.	1er	21 10 7.46		7 29 25.4	1 3 3	4 2 55.8	3 2 2.8
	18 octobre.	1er	22 46 7.82		8 57 13.9	1 2 1	4 2 56.2	3 2 3.2
	20 octobre.	1er	24 22 37.96		10 25 42.5	1 3 5	4 2 54.5	3 2 1.5
	16 novemb.	1er	23 58 10.49		8 15 07.5	1 2 6	4 2 52.7	3 1 59.7
	21 novemb.	2e	4 53 21.08		12 49 49.8	1 14 8	4 2 47.9	3 1 54.9
	22 novemb.	2e	6 4 11.61		13 56 33.4	1 15 1	4 2 52.0	3 1 59.0
1860. PARANA.	30 mars....	1er	7 21 51.65		6 47 41.9	1 10 2	4 11 23.3	3 1 50.3
	2 avril....	1er	10 17 54.20		9 31 28.3	1 6 9	4 11 34.2	3 2 1.2
	3 avril....	1er	11 13 35.30		10 23 04.6	1 6 5	4 11 36.4	3 2 3.4
	4 avril. ..	1er	12 9 14.40		11 14 38.6	1 6 8	4 11 34.7	3 2 4.7
	5 avril....	1er ☽	13 5 54.78		12 7 43.5	1 7 6	4 11 30.0	3 1 57.0
		2e ☾	13 8 15.66		12 9 33.9			
	9 avril....	2e	17 11 13.00		15 56 9.0	1 10 0	4 11 23.7	3 1 50.7
	10 avril....	2e	18 11 22.85		16 52 15.10	1 8 6	4 11 23.5	3 1 50.5
	29 avril....	1er	9 56 10.54		7 23 38.0	1 6 1	4 11 31.0	3 1 58.0
	30 avril....	1er	10 50 19.91		8 13 43.6	1 5 6	4 11 30.0	3 1 57.0

1er BORD. ☾		2e BORD. ☾	
h. m. s.	h. m. s.	h. m. s.	h. m. s.
3 1 50.0	3 1 50.3	3 1 54.2	3 1 54.9
54.7	61.2	60.3	59.0
63.0	63.4	55.3	57.0
62.8	61.7	63.5	50.7
63.2	58.0	64.8	50.5
61.5	57.0		
59.7			
3h 1m 58s 92		3h 1m 56s 82	

                                                      h. m. s.

Moyenne générale.... { 13 culminations du 1er bord 3 1 58.92
{ 16 id. du 2e bord 3 1 56.82

Longitude de Rio-de-Janeiro.................... 3 1 57.87

Culminations lunaires observées à Rio-de-Janeiro.

A Rio-de-Janeiro, ma lunette méridienne était montée sur une base en maçonnerie, au milieu d'une terrasse de la Gloria, à une trentaine de mètres au-dessus du niveau de la mer.

Les observations ont été faites pendant les mois de juillet et août 1865. La lune passait au méridien très-près du zénith.

L'instrument était parfaitement orienté et rectifié chaque jour sur une mire éloignée à laquelle on comparait la division du cercle azimutal correspondant au zéro du microscope. Il y a toujours eu un complet accord entre ces deux modes de vérification.

La parfaite horizontalité de l'axe de la lunette, qui avait une très-grande importance pour des passages au méridien près du zénith, était obtenue avec une grande précision par le collimateur vertical à bain de mercure; l'instrument avait une telle stabilité que pendant tout le temps que duraient les observations d'une nuit, il ne variait pas de plus de 4″ à 5″ d'arc; c'est à peine si l'on voyait les fils se dédoubler.

Ces observations ont donc été faites avec beaucoup de soin et peuvent inspirer une grande confiance.

J'ai toujours observé cinq ou six étoiles de plus que les quatre données par le *Nautical*. Si je n'en ai pas pris davantage, c'est que passé un certain nombre on n'augmente plus guère la précision du résultat, puisque cette précision ne croît que comme le carré du nombre d'observations; il suffit donc de prendre assez d'étoiles pour restreindre l'erreur du résultat dans des limites telles que la longitude n'en soit pas affectée d'une manière sensible.

L'observatoire de Greenwich et celui de Paris n'ont pu me fournir que quatre ou cinq observations correspondantes; une seule fois l'erreur du *Nautical*, d'après ces observations, a atteint 0ˢ3, ce qui prouve, comme je le disais précédemment, combien aujourd'hui sont exactes les tables de la lune , et toutes les fois que l'erreur signalée par Greenwich ne dépasse pas 0ˢ1, on peut s'en tenir à l'Æ des tables, car on voit souvent qu'il existe une semblable différence entre l'Æ mesurée par l'altazimut et celle mesurée par la lunette méridienne de Greenwich.

L'accord extrêmement remarquable de notre dernière série surtout, ne peut laisser aucun doute sur le peu d'influence des erreurs des tables les jours où nous n'avons pas eu d'observations correspondantes.

En général, nos résultats étaient toujours assez exacts pour nous permettre de conclure à une erreur certaine des tables, quand il y avait une longitude différant de plus de 5 à 6 secondes de la moyenne générale.

Notre dernière série de huit culminations donne des résultats presque identiques; un semblable accord ne se rencontrant jamais aussi complet dans des observations de culminations lunaires, je donnerai pour cette série le détail des observations de chaque jour.

On verra, d'ailleurs, par ce tableau que les deux aides qui, chacun de son côté, enregistraient l'heure sur un chronomètre différent, s'accordaient toujours à donner la même Æ à 0ˢ 05 près; rarement la différence s'élève à plus de 0ˢ.1 ; le plus souvent elle est de 0ˢ 02 à 0ˢ 04.

Je pouvais donc compter d'une manière certaine sur l'Æ à 0ˢ,05 près , ce qui ne peut occasionner qu'une erreur de 1ˢ 5 sur la longitude.

J'ai déjà dit que les erreurs d'instrument ne s'élevaient jamais à plus de quelques secondes d'arc, et que l'erreur d'orientation était réduite à moins de 1 seconde de temps à l'aide de la mire du méridien, comparée chaque jour à des étoiles et au zéro du microscope du cercle azimutal. La lune passant au méridien à 80° ou 85° de hauteur, l'erreur d'orientation devenait tout à fait insensible, comme l'indiquait la correction calculée.

C'est à ces minutieuses précautions que j'attribue en grande partie l'accord remarquable de nos observations.

Longitude de la 1re lunaison

(Réduite à Villegagnon).

9 juillet 1865, 2e bord......	3h	1m	52s	9
10 — —	3	1	58	3
12 — —	3	1	52	8
13 — —	3	1	55	5
14 — —	3	1	64	5
15 — —	3	1	58	6

Longitude de Rio-de-Janeiro... **3h 1m 57s 13**

Longitudes de la 2e lunaison.

30 *juillet.*

	Æ ☾ Chr. A.	Chr. B.
K Vierge....	14h 24m 24s 76....	14h 24m 24s 72
λ Vierge....	24 92....	24 72
106 Vierge....	24 60....	24 36
μ Vierge....	24 60....	24 38
5 Balance...	25 14....	24 90
α² Balance...	25 15....	24 91
	14h 24m 24s 862...	14h 24m 24s 665

Æ moyenne 14h 24m 24s 763.

Mouvement horaire calculé 122s 732.

Longitude réduite à Villegagnon 3h 1m 56s 85.

1er *août.*

	Æ ☾ Chr. A.	Chr. B.
γ Balance....	16h 07m 01s 07....	16h 07m 01s 19
41 Balance....	1 37....	1 61
K Balance....	1 57....	1 81
η Balance....	1 35....	1 59
λ Balance....	1 49....	1 27
48 Balance ...	1 22....	1 34
β Scorpion...	1 70....	1 82
11 Scorpion...	1 09....	1 43
ν Scorpion...	1 55....	1 55
19 Scorpion...	1 86....	1 84
ψ Ophiucus...	1 42....	1 32
χ Ophiucus...	1 49....	1 37
φ Ophiucus...	1 51....	1 51
5579 Ophiucus...	1 50....	1 48
	16h 07m 1s 442....	16h 07m 01s 507

Ꞧ ☾ moyenne 16ʰ 07ᵐ 1ˢ 474.
Mouvement horaire calculé 133ˢ 645.
Longitude Villegagnon = 3ʰ 1ᵐ 59ˢ 9.

3 août.

	Chr. A.		Chr. B.	
5868 Ophiucus....	17ʰ 58ᵐ 39ˢ 17....		17ʰ 58ᵐ 39ˢ 21	
ξ Serpent......	38 11....		38 39	
o Serpent......	38 34....		38 34	
58 Ophiucus....	39 03....		39 03	
6060 Serpent......	38 17....		38 15	
4 Sagittaire....	38 94....		38 94	
6098 Sagittaire....	38 67....		38 47	
μ Sagittaire....	38 86....		38 82	
6210 Sagittaire....	38 65....		38 57	
21 Sagittaire....	38 56....		38 58	
	17ʰ 58ᵐ 38ˢ 65		17ʰ 58ᵐ 38ˢ 65	

Ꞧ moyenne 17ʰ 58ᵐ 38ˢ 65.
Mouvement horaire = 144ˢ 141.
Longitude = 3ʰ 2ᵐ 4ˢ 5?
(On a manqué deux fils de la lune).

4 août.

	Chr. A.		Chr. B.	
μ Sagittaire....	18ʰ 57ᵐ 2ˢ 33....		18ʰ 57ᵐ 2ˢ 23	
6210 Sagittaire....	2 62....		2 52	
21 Sagittaire....	2 16....		2 20	
6279 Sagittaire....	2 44....		2 38	
26 Sagittaire....	2 57....		2 59	
η Sagittaire....	2 26....		2 00	
37 Sagittaire....	2 10....		2 46	
π Sagittaire....	2 19....		2 11	
43 Sagittaire....	2 40....		2 26	
ρ Sagittaire...	2 11....		2 23	
6643 Sagittaire....	2 06....		2 10	
	18ʰ 57ᵐ 2ˢ 295		18ʰ 57ᵐ 2ˢ 282	

Ꞧ ☾ moyenne 18ʰ 57ᵐ 2ˢ 29.
Mouvement horaire = 147ˢ 158.
Longitude = 3ʰ 1ᵐ 58ˢ 8.

5 août.

	Chr. A.	Chr. B.
π Sagittaire....	19ʰ 56ᵐ 11ˢ 43....	19ʰ 56ᵐ 11ˢ 13
43 Sagittaire....	11 57....	11 28
ρ Sagittaire....	11 30....	11 17
6643 Sagittaire....	11 17....	11 15
37 Aigle	11 76....	11 69
55 Sagittaire....	11 36....	11 45
56 Sagittaire....	11 41....	11 42
61 Sagittaire....	11 42....	11 50
α¹ Capricorne....	11 55....	11 68
β Capricorne....	11 24....	11 55
ρ Capricorne...	11 13....	11 30
υ Capricorne...	11 36....	11 57

19ʰ 56ᵐ 11ˢ 384...   19ʰ 56ᵐ 11ˢ 407

Æ ☽ 19ʰ 56ᵐ 11ˢ 395.

Mouvement horaire 148ˢ 167.

Longitude $= 3^h\ 1^m\ 62^s\ 5$ correspondantes.

6 août.

	Chr. A.	Chr. B.
α² Capricorne...	20ʰ 55ᵐ 21ˢ 36...	20ʰ 55ᵐ 21ˢ 24
β Capricorne...	21 39...	21 23
ρ Capricorne ...	21 16...	20 96
υ Capricorne...	21 41...	21 25
ε Verseau	21 75...	21 61
7242 Verseau	21 07....	21 13
γ Verseau	21 22...	21 30
ν Verseau	21 24...	21 24
29 Capricorne...	21 43...	21 43
18 Capricorne...	21 42...	21 56
β Verseau	21 19...	21 33

20ʰ 55ᵐ 21ˢ 33...   20ʰ 55ᵐ 21ˢ 29

Æ ☽ 20ʰ 55ᵐ 21ˢ 315.

Mouvement horaire 147ˢ 522.

Longitude $= 3^h\ 1^m\ 58^s\ 2$.

7 août.

	Chr. A.	Chr. B.
ν Verseau......	21ʰ 56ᵐ 20ˢ 20....	21ʰ 56ᵐ 19ˢ 86
29 Capricorne ...	20 34....	20 20
18 Verseau......	20 33....	20 21
β Verseau......	20 09....	19 95
22 ξ Verseau......	19 97....	19 97
e⁹ Verseau......	20 14....	20 14
θ Verseau.......	20 02....	20 12
λ Verseau......	20 06....	20 33
b Verseau......	19 79....	19 91
Moyenne.....	21ʰ 56ᵐ 20ˢ 104	22ʰ 56ᵐ 20ˢ 076

Æ 21ʰ 56ᵐ 20ˢ 09.
Mouvement horaire 146ˢ 010.
Longitude = 3ʰ 1ᵐ 58ˢ 2.

12 août.

	Chr. A.	Chr. B.
ξ Baleine.......	2ʰ 46ᵐ 15ˢ 39.....	2ʰ 26ᵐ 15ˢ 36
θ Bélier........	15 93.....	15 49
ξ Bélier........	15 59.....	15 43
ξ_2 Baleine......	15 28.....	15 14
31 Bélier........	15 55.....	15 19
38 Bélier........	15 58.....	15 66
γ Baleine......	15 57.....	15 63
53 Bélier........	15 25.....	15 25
δ Bélier........	15 61.....	15 77
τ Bélier........	15 50.....	14 60
ξ Taureau......	15 33.....	15 43
f Taureau......	15 30.....	15 40
	2ʰ 46ᵐ 15ˢ 452....	2ʰ 46ᵐ 15ˢ 423

Æ ☾ 2ʰ 46ᵐ 15ˢ 445.
Mouvement horaire 147ˢ 208.
Longitude 3ʰ 1ᵐ 57ˢ 8.

Résultats de la 2e lunaison.

30 juillet, 1er bord.	3h 1m 56s	8	(Observation correspondante.)
1er août.. 1er —	3 1 59	8	
4 — 1er —	3 1 58	8	
5 — 1er —	3 1 62	5	(Observation correspondante.)
6 — 1er —	3 1 58	2	
7 — 2e —	3 1 58	2	(Observation correspondante.)
12 — 2e —	3 1 57	8	

Moyenne de la 2e lunaison. 3h 1m 58s 87.

L'accord si inusité de cette série, pour laquelle il n'y a eu que trois observations correspondantes, prouve, comme je l'ai déjà dit, l'exactitude des éphémérides actuelles de la lune; elle prouve en même temps la précision de la méthode si simple d'observation et de calcul que j'ai adoptée pour l'emploie de ma lunette méridienne, car, outre l'accord des observations entre elles, cette série donne encore, à 1 seconde près, la même longitude de Rio que celle trouvée par tous les autres procédes.

*Moyenne générale des culminations lunaires de **M. Mouchez**.*

Pour conclure la longitude moyenne déduite de ces observations, nous les diviserons par groupes selon le bord de la lune observé, comme on a l'habitude de le faire. Ces deux groupes sont à peu près égaux :

Culminations de RIO-DE-JANEIRO.

1er *Bord* ☾.	2e *Bord* ☾.
30 juillet 3ʰ 1ᵐ 56ˢ 65	9 juillet 3ʰ 1ᵐ 52ˢ 90
1er août 3 1 59 90	10 — 3 1 58 37
4 — 3 1 58 80	12 — 3 1 52 83
5 — 3 1 62 50	13 — 3 1 55 50
6 — 3 1 58 20	14 — 3 1 63 50
	15 — 3 1 58 66
3ʰ 1ᵐ 59ˢ 02	7 août 3 1 58 20
	12 — 3 1 57 86
	3ʰ 1ᵐ 57ˢ 23

MOYENNE........
{
1er bord = 3ʰ1ᵐ59ˢ   (5 culminations).
2e bord = 2 1 57 2   (8   id.   ).
Longitude 3ʰ1ᵐ58ˢ2   (13 culminations).
}

Culminations de la PLATA.

1er bord = 3ʰ 1ᵐ 58ˢ 92   (13 culminations).
2e bord = 3 1 56 82   (10   id.   ).

Longitude moyenne... 3ʰ 1ᵐ 57ˢ 87   (23 culminations).

Prenant la moyenne des deux séries de la Plata et de Rio-de-Janeiro, en tenant compte du nombre des observations dans chacune des séries, on trouve pour moyenne générale :

Longitudes par 36 culminations = 3ʰ 1ᵐ 57ˢ 97.

Culminations lunaires de l'observatoire de RIO-DE-JANEIRO.

Dans un mémoire de l'Institut de Rio, je trouve que l'on a observé 28 culminations lunaires en 1863 à l'observatoire de Rio, et que la longitude moyenne déduite a été trouvée de :

$$2^h\ 52^m\ 34^s\ 9$$
Réduction à Villegagnon..   3 2

———

$$2^h\ 52^m\ 31^s\ 7$$
Paris-Greenwich.........   = 9 21 0

Longitude Villegagnon..... $= 3^h\ 1^m\ 52^s\ 7$

M. Liais dit aussi, dans le mémoire inséré aux *Comptes rendus* et dans la note de la *Connaissance des temps* de 1867, qu'il a observé des culminations à Rio, mais il se borne encore à dire que les résultats en sont conformes à ceux de son éclipse de 1858; nous ne pouvons donc pas citer ici ses observations.

Culminations lunaires de M. Costa Azevedo.

On trouve dans les mémoires de l'Institut de Rio le résultat de nombreuses observations de culminations lunaires faites en deux séries par M. Costa Azevedo. On ne donne d'ailleurs aucun détail.

1re série....   104 culminations observées à Manaos... $3^h\ 2^m\ 2^s\ 0$
2e série....   60 culminations observées à Rio......   3 1 50 0

Moyenne................,.......... $3^h\ 1^m\ 50^s\ 0$

Culminations lunaires de BEECHEY.

Le capitaine Beechey est le seul navigateur dont je trouve des observations de culminations lunaires sur la côte du Brésil. Elles sont citées dans la *Connaissance des temps* de 1842.

Première série.

10 culminations lunaires observées à Anatomirim en mai et avril 1836, ont donné .

10 Culminations..........................	3h 14m 17s 7
Réduction au fort......................	2 1
Fort d'Anatomirim......................	3h 14m 15s 6
Différence avec Villegagnon..............	21 37 9
	2h 52m 37s 7
Greenwich-Paris........................	9 21 0
Longitude de Rio-de-Janeiro.............	3h 1m 58s 7

Deuxième série.

En 1825, Beechey observa à la Gloria 6 culminations lunaires comparées à des observations d'Europe; il trouva :

Moyenne des 6 culminations..............	2h 52m 39s 4
De la Gloria à Villegagnon..............	3 2
	2h 52m 36s 2
Paris-Greenwich........................	9 21 0
Longitude de Rio-de-Janeiro.............	3h 1m 57s 2

1re série.....	3h 1m 58s 7
2e série......	3 1 57 2
Longitude moyenne, 16 culminations..	3h 1m 58s 0

§ 2. — LONGITUDE DE LA COTE DU BRÉSIL PAR LES DÉCLINAISONS DE LA LUNE.

Observations de M. Mouchez.

J'ai essayé, pendant mes observations de culminations lunaires de 1857, à Parana, de mesurer des différences de hau-

teur de la lune et d'étoiles voisines, en appliquant aux déclinaisons une méthode analogue à celle des ÆR; c'était encore un
moyen de plus d'obtenir des longitudes ; mais les résultats
n'ayant pas été très-satisfaisants, je n'ai pas continué. Il aurait fallu pouvoir s'y consacrer exclusivement, en négligeant les
mesures d'ÆR qui donnaient de bien meilleurs résultats. Les
variations de la lune en déclinaison sont, en effet, dans les
cas les plus favorables quand elle traverse l'équateur de 1 seconde d'arc pour 4 secondes de temps ; tandis que la variation
en ÆR est deux fois plus grande en moyenne de 1 seconde d'arc
pour 2 secondes de temps.

En outre, on introduit une grande cause d'erreur dans le
calcul par l'emploi de la parallaxe et le doute qui existe sur
l'aplatissement local.

L'heure du passage s'obtient à 0ˢ1 ; si l'on admet une égale
précision sur l'observation de la déclinaison, on aurait déjà
une erreur de 6 secondes de temps.

Enfin, les erreurs sur le demi-diamètre, la parallaxe et la
réfraction peuvent s'élever encore à 2 ou 3 secondes au
moins, même en admettant les compensations produites par
les observations doubles d'étoiles au-dessus et au-dessous de
la lune ; c'est encore une erreur de 10 à 12 secondes de temps
sur le résultat. On voit donc que ce procédé est bien inférieur en exactitude à celui des ascensions droites.

J'ai observé 3 déclinaisons de la lune comparées à des
étoiles voisines. Voici les trois résultats obtenus :

$$
1857 \left\{
\begin{array}{lll}
28 \text{ avril} \ldots\ldots\ldots\ldots\ldots & 3^h \ 2^m \ 3^s \\
29 \quad \text{id.} \ldots\ldots\ldots\ldots & 3 \quad 2 \quad 37 \\
30 \quad \text{id.} \ldots\ldots\ldots\ldots & 3 \quad 2 \quad 32 \\
\end{array}
\right.
$$

$$
\text{Moyenne} \ldots\ldots\ldots \quad 3^h \ 2^m \ 24^s
$$

§ 5. — LONGITUDE DE LA COTE DU BRÉSIL PAR LES ÉCLIPSES
DE SOLEIL.

On a observé plusieurs éclipses de soleil sur la côte du
Brésil ; mais les longitudes qu'on en déduit sont en général

assez discordantes, souvent même quand ces observations sont faites par des astronomes de profession.

Cette méthode pour déterminer une position géographique est très-inférieure à celle des culminations lunaires, comme on peut facilement le comprendre. Par l'observation d'une éclipse de soleil comme par celle d'une culmination, on poursuit le même but : déterminer à un instant donné la position d'un bord de la lune pour en conclure sa longitude ou son Æ; mais tandis que le passage de cet astre, aux cinq fils d'une lunette, donne le moyen d'obtenir cinq fois de suite cette position par l'observation du point du disque et de l'extrémité du diamètre le plus favorablement situé pour la détermination du mouvement en Æ et que cette observation peut se renouveler chaque jour, une éclipse partielle ne fournit qu'une ou deux de ces observations, faites, en général, dans des conditions bien moins favorables, puisque les deux astres peuvent se rencontrer par des points du disque fort éloignés de leurs diamètres équatoriaux, quand l'éclipse approche d'être apulse. La moindre erreur sur les latitudes peut alors occasionner des différences très-grandes sur la longitude. Les éclipses annulaires ou totales sont donc les seules qui puissent donner des résultats équivalents à ceux des culminations ; mais, dans ce cas encore, on a bien des erreurs d'observation à craindre : le premier contact est souvent manqué ou fort douteux ; les deux contacts intérieurs laissent un certain doute par la formation et la déformation du phénomène lumineux connu sous le nom de *grains de chapelet*, et qu'on attribue, quelquefois à tort, je crois, aux dentelures de la lune, car, le plus souvent, c'est un phénomène qui paraît purement optique. Si l'observation de l'éclipse est délicate, le calcul l'est encore davantage ; on sait, en effet, quelle précision exigent les calculs parallactiques et les éléments du mouvement de la lune tirés des tables, pour éviter des erreurs très-sensibles sur la longitude. L'on ne peut, en outre, que très-rarement se procurer des observations correspondantes, et on ne doit pas compter sur la correction de la lune par les observations contemporaines des observatoires d'Europe, puisqu'elle est invisible pendant les quelques jours qui précèdent et suivent la néoménie. Toutes ces difficultés réunies expliquent le peu de succès qu'on obtient dans la détermination des positious géographiques par les éclipses.

Il est cependant certain qu'une éclipse centrale bien observée et dans laquelle on obtient quatre contacts pouvant fournir des équations de condition pour corriger les éléments des tables, offre une méthode de longitude d'une grande valeur; l'écart que l'on peut craindre sur le résultat final ne doit pas s'élever à plus d'un très-petit nombre de secondes, car en prenant la moyenne des deux contacts qui précèdent et des deux contacts qui suivent la conjonction, on doit annuler bien des causes d'erreur.

Il est donc certain que dans l'éclipse totale de 1858 il s'est glissé, malgré l'habileté des observateurs, quelque erreur accidentelle d'observation ou de calcul qui a faussé les résultats, car une erreur finale de 30 secondes dépasse de beaucoup la limite des écarts qu'on peut craindre dans une semblable observation.

Observation de l'éclipse annulaire de soleil du 30 octobre 1864, à Sainte-Catherine, par M. Mouchez.

Cette éclipse étant la plus complète et la plus favorable qui ait été observée sur la côte orientale de l'Amérique du Sud, je ne me bornerai pas à en citer le résultat; j'en donnerai tous les éléments et le calcul. Je crois devoir d'autant plus le faire que l'accord identique des quatre longitudes déduites des quatre contacts, et leur accord également identique avec la longitude donnée par les autres méthodes pourrait paraître extraordinaire et mériter confirmation.

L'exactitude de cette excellente observation peut d'ailleurs la rendre utile à un point de vue plus général que celui de la détermination d'une position géographique.

J'ai été assisté par les officiers du *Lamotte-Piquet*, et M. Turquet, lieutenant de vaisseau, a été spécialement chargé de refaire avec le plus grand soin tous les calculs.

Nous avions déterminé d'avance le point de la côte du Brésil que coupait la ligne centrale, afin de nous placer exactement sur cette ligne; mais il se trouva que le rivage en cet endroit n'était pas abordable : c'était une côte inhabitée, complétement ouverte et battue par la grosse houle du large; l'îlot Coral, situé près de là, était lui-même inaccessible. Il fallut aller s'installer sur la pointe Sud de Sainte-Catherine, à 4 ou 5 milles au N. de la ligne centrale. Pour ce point, du reste, l'éclipse était encore très-près d'être centrale, puisque la plus courte distance des centres n'était que de 3 à 4 secondes.

Les instruments furent montés sur un plateau élevé de 36 mètres au-dessus du niveau de la mer, et les diverses observations réparties entre les cinq officiers. Pour observer l'éclipse, j'ai fait usage de la lunette de mon altazimut, grossissant soixante-dix fois; deux de mes collaborateurs, MM. de Libran et Turquet, avaient installé convenablement deux longues-vues marines grossissant dix-sept à dix-huit fois.

La latitude a été déterminée par plusieurs hauteurs de soleil et d'étoiles au théodolite et à l'horizon artificiel; elle est certaine à 3 ou 4 secondes près.

L'état des chronomètres a été déterminé le jour même de l'éclipse par des hauteurs prises avant et après midi. L'heure est certaine à 2 dixièmes ou 3 dixièmes de seconde près.

J'ai noté avec le plus grand soin, non-seulement les quatre contacts, mais aussi l'instant précis de la formation et de la déformation des grains de chapelet.

La lunette pointée d'avance sur la partie du disque du soleil où le calcul nous avait indiqué que devait avoir lieu le premier contact, et l'heure de prédiction de ce contact s'étant trouvée très-exacte, je fus assez heureux pour apercevoir très-nettement et sans le moindre doute la première petite échancrure produite par l'entrée de la lune sur le disque du soleil.

J'ai également obtenu tous les autres contacts avec une grande précision; le ciel est resté sans nuages tout le temps de l'éclipse. Avant l'émersion, j'ai pris une longue série de distances des cornes, à l'aide du micromètre de ma lunette, pour en déduire autant d'heures de la conjonction ; mais il serait trop long de rapporter ici ces observations et ces calculs supplémentaires.

Voici les résultats de l'observation en temps moyen du lieu :

1er contact.	Immersion...........................	10^h	59^m	44^s 8	
2e contact.	Apparition des premiers grains de chapelet..	0	48	42 0	
	Formation complète de l'anneau..........	0	48	46 0	
3e contact.	Apparition des premiers grains de chapelet..	0	54	7 0	
	Rupture complète de l'anneau.............	0	54	11 7	
4e contact.	Émersion............................	2	36	18 4	

Le calcul préparatoire avait donné 5^m 29^s pour durée du passage de la lune sur le disque du soleil. L'observation a donné presque identiquement le même résultat.

ÉCLIPSE ANNULAIRE DE SOLEIL, OBSERVÉE A SAINTE-CATHERINE, LE 30 OCTOBRE 1864,
Par MM. Mouchez, Turquet et de Libran.

Latitude géocentrique... $= 27°41'15''$ S. | Heure T. M. P. de la conjonction $= 5^h 37^m 33^s 1$
Longitude approchée.... $= 3^h 23^m 38^s$ O. | Obliquité de l'écliptique.......... $= 23°27'18''$
Longitude des deux astres.... $= 217°29'22''44$
Éléments du calcul tirés de la Connaissance des temps.

	1er CONTACT.	2e CONTACT.	3e CONTACT.	4e CONTACT.
	h. m. s.	h. m. s.	h. m. s.	h. m. s.
H. M. du lieu.........	10 59 44.8	0 48 46	0 54 11.6	2 36 18.4
H. M. P..............	2 23 22.8	4 12 21.0	4 17 49.6	5 59 56.4
Longitude ☉.........	217 26 16.5	217 30 49.3	217 31 2.9	217 35 19.0
Longitude ☾ L........	216 56 56.9	217 41 27.7	217 50 16.4	218 43 16.7
Latitude ☾ λ.........	13 38.29	8 29.39	8 9.91	3 15.58
Par. équator. ☾......	55 24.39	55 26.43	55 26.45	55 28.45
Diminution..........	2.30	2.30	2.30	2.30
Par. ☉.............	8.94	8.94	8.94	8.94
H'.................	55.13.15	55 13.19	55 15.21	55 17.21
1/2 D ☾ = R........	15 7.33	15 7.90	15 7.91	15 8.45
1/2 D ☉............	16 8.99	16 8.99	16 8.99	16 8.99
Hre sidérale S........	13 36 19.6	13 25 38.8	13 31 05.3	17 13 28.8

Calcul de la longitude.

1er contact		2e contact		3e contact		4e contact	
Cot l' =10.280061	Sin l' = 9.667125	10.280061	9.667125	10.280061	9.667125	10.280061	9.667125
Sin S = 9.610701	Cos(ω+φ)=9.681170	9.893011	9.257314	9.901041	9.236674	9.990991	8.915736
tg φ = 9.890762	c^t cos φ = 0.102669	10.173072	0.253855	10.181102	0.259424	10.271052	0.325842
φ =37°51'33''	Cos h = 9.450964	56° 7'33''	9.178299	56°36'52''	9.163223	61°49'14''	8.908703
ω =23 27 18	Cot h = 9.469024	23 27 18	9.183285	23 27 18	9.167884	23 27 18	8.910129
ω + φ =61 19 11	tg(ω+φ)=10.261984	79 34 51	10.735465	80 4 10	10.756770	85 16 32	11.082786
h =73 35 33	Sin N = 9.731008	81 19 44	9.918750	81 37 36	9.924654	85 21 06	9.992915
N =32 34 00		56 02 04		57 13 00		79 40 44	

1er contact		2e contact		3e contact		4e contact	
Cos(L-N) = 9.998785	N = 32°34'00''	9.977602		9.974671		9.878059	
Sin h = 9.981944	L =216 50 57	9.995008	56°02'04''	9.995346	57°13'00''	9.998569	79°40'44''
H' = 3.520241	L N =184°16'57''	3.520509	217 47 28	3.520311	217 50 16	3.520772	218 43 17
0,5 = 1.698970		1.698970	161 45 24	1.698970	160 37 16	1.698970	139 2 33
C cos λ = 0.000003	a = 26'27''7	0.000001		0.000001		0.000000	
Log. a = 3.199943		3.192090	25'56''3	3.189499	25°47'00''	3.096370	20'48'' 5

1er contact		2e contact		3e contact		4e contact	
H' = 3.520241		3.520509		3.520311		3.520772	
Cos h = 9.450964	z = 15'35''85	9.178294	8'19''81	9.163223	8'02''77	8.908703	4'28''83
Log. z = 2.971205		2.698803		2.683734		2.429475	

1er contact		2e contact		3e contact		4e contact	
0,5 1.698970		1.698970		1.698970		1.698970	
Sin²(45-ε) 9.692250		9.692368		9.692406		9.693682	
C cos λ 0.000003	45 ε = 44°33'32''3	0.000001	44°34'03''7	0.000001	44°34'13''	0.000000	44°39'11''5
Log. σ 0.006743		0.006603		0.006565		0.005288	

1er contact		2e contact		3e contact		4e contact	
H' 3.520241		3.520509		3.520311		3.520772	
σ 0.006743		0.006603		0.006565		0.005288	
Sin 6 9.981944	π = 4'1''05	9.995008	17'21''71	9.995346	18'24''85	9.998	36'33''80
Sin (L N) 8.873171		9.495618		9.520894			
π 2.382099		3.017738		3.043316			

σ 0.006743	λ = 13'38"28	0.006603	8'25"51	0.006565	8' 9 '91	0.005288	3'15"58
λ — z 2.070297	z = 15 55.85	0.755875	8 19.81	0.853698	8 2.77	1.864808	4 28.83
Cos $\frac{\lambda + z}{2}$ 9.999996	λ π = 4 57 57	9.999999	5.70	9.999999	7.14	10.000000	1 13.25
Cos π 10.000000	$\frac{\lambda + z}{2}$ = 14 37 06	9.999995	8 22 66	9.999994	8 06.34	9.999976	3 52.20
λ' 2.077038	λ' = 1 59 41	0.762472	5.78	0.860256	7.25	1.870072	1 14.14

R 2.957765		2.958038		2.958043		2.958301	
σ 0.006743		0.006603		0.006568		0.005288	
Cos λ' 10.000000		10.000000		10.000000		10.000000	
Cos H 10.000000	R' = 15'21"53	9.999995	15'21"80	9.999994	15'21"73	9.999976	15'19"53
R' 2.964 8		2.964636		2.964602		2.963565	

L 216°50'56"90	1/2 D ☉ = 16'08"99	217°47'27"70	16'08"99	217°50'16"40	16' 8"99	218°43' 16 70	16' 8"99
π 4 01 05	R' = 15 21 53	17 21 71	15 21.80	18 24.85	15 21.73	36 35.80	15 19.53
Lon. ap. ☾ 216°54'57"95	31'30"52	217 30 05 99	47.19	217 31 51.55	47.26	218 06 42.90	31 28.52
Lon. ☉ 217 26 16.50	infl. irrad. — 5"5	217 30 49 30	1.5	217 31 02.90	1.5	217 35 19.00	5.5
31'18"55	D = 31'23.02	43"31	43.69	48.65	45.76	31 23.90	31 23.02

D 31'25"02	3.301991	45"69	1.711554	45"76	1.724558	31'23"02	3.291026
λ' 1 59 41	3.245895	5.78	1.601082	7.25	1.585574	1 14.14	3.257434
D + λ' 33 24 43	6.548886	51"47	3.312656	53"01	3.309932	32 37.16	6.549060
D — λ' 29 25 61	3.274443	39.91	1.656318	38.51	1.654966	30 8 88	3.274530
	l. α. 31'21"24		45"32		45"18		31'21"61
	π 4 01 05		17 21.71		18 24.85		36 33.80
	l. ν. = 35'22"29		16 36 39		19 10 03		1°7'55.40

Mt hor. ☉—☾ en lig. 28'35"5	28'37"7	28'37"7	28'38"1	
Log. 1h = 3.556303	3.556303	3.556303	3.556303	
Ct log. mt hor. = 4.765600	4.765053	4.765053	4.764952	
Log. lν = 3.326794	2.998429	3.060709	3.610172	
3.648706	3.319785	3.382065	3.931427	
1h14m43s54	0°34' 48"26	0h40m10s27	2°22' 19"40	
10 59 44.80	0 48 46.00	0 54 7.00	2 36 18.40	
H. T. M. long. L. 0h13m58s34	0 13 57.74	0 13 56.73	0 13 59.00	
H. T. M. long. P. 3 37 33 10	3 37 33.10	3 37 33 10	3 37 33.10	
Longitude du lieu : 3h23m34s76	3 23 35.36	3 23 36.37	3 23 34.40	
Diff. des méridiens (1) = 21 37.7	21 37.7	21 37.7	21 37.7	
Longitude Rio 3 1 57.06	3 1 57.66	3 1 58.67	3 1 56 40	

Longitude moyenne de Rio-de-Janeiro........ 3 h. 1 m. 57 s. 59.

---

(1) *Différence de méridien de la pointe Sud de Sainte-Catherine et de Rio-de-Janeiro.* (Traversée : 6 jours.)

Chronomètres du *Lamotte-Piquet*	VESSIÈRE.	DUMAS.	LEROY.	SCHARFF.	WINERL.
	h. m. s.	h. m. s.	h. m. s.	h. m. s.	h. m. s.
État absolu sur Rio-de-Janeiro, le 17 octobre, à midi.	2 53 8.6	3 00 49.0	3 42 29.6	0 44 57.1	1 47 50.1
— — le 23 octobre, à midi.	2 53 13.7	3 1 17.7	3 42 38.4	0 44 54.3	1 47 20.7
— à Sainte-Catherine, le 29 octobre, à midi.	3 14 57.1	3 23 22.6	4 4 26.1	1 6 28.9	2 8 29.1
Différence du méridien conclue........	21'37"4	21'36"9	21'38"6	21'37"8	21'37"8

Moyenne : 21m37s7

Tous ces calculs ayant été faits à l'aide des éléments tirés de la *Connaissance des temps*, l'on objectera sans doute que les quatre heures déduites des quatre contacts pour l'instant de la conjonction sont entachées des erreurs des tables ; mais je ferai d'abord remarquer que ces quatre résultats, s'accordant à peu près identiquement, les quatre équations de condition que nous pouvons tirer de cette observation même, ne sauraient donner que zéro ou de très-faibles quantités pour valeur de corrections. Si l'on calcule, en effet, les coefficients des éléments différentiels, on trouve les valeurs suivantes :

$$1^{er} \text{ contact} \ldots\ldots dT = + 2.09 \, d\Delta - 0.12 \, d\lambda - 0.19 \, d\pi$$
$$2^e \quad - \quad \ldots\ldots \text{ » } = + 2.09 \, d\Delta - 0.03 \, d\lambda + 0.07 \, d\pi$$
$$3^e \quad - \quad \ldots\ldots \text{ » } = + 2.09 \, d\Delta - 0.03 \, d\lambda + 0.08 \, d\pi$$
$$4^e \quad - \quad \ldots\ldots \text{ » } = - 2.08 \, d\Delta + 0.08 \, d\lambda + 1.50 \, d\pi$$

On voit que dans cette observation le coefficient relatif au demi-diamètre et à la distance des centres Δ est le seul qui ait conservé quelque importance. Ce coefficient n'est, en effet, autre chose que le mouvement horaire relatif des deux astres, et l'éclipse étant centrale il se trouve réduit à son minimum. L'influence de cette erreur s'annule d'ailleurs complétement dans la moyenne des contacts, avant et après la conjonction.

Par le même motif, le coefficient relatif aux erreurs en latitudes $d\lambda$ est évidemment très-près d'être zéro, et on peut dire que cette cause d'erreur est *rigoureusement nulle dans une éclipse centrale*, quand l'erreur sur les latitudes données par les tables ne s'élève qu'à un petit nombre de secondes, comme cela a toujours lieu aujourd'hui.

Le dernier coefficient, celui de la parallaxe, est encore extrêmement faible, et il n'acquiert un peu d'importance que pour le 4e contact. Cela tient à la circonstance *exceptionnellement* favorable dans laquelle nous avons observé cette éclipse : c'est que les trois premiers contacts ont été vus *près du méridien* et à une assez grande hauteur, le 1er à 11 heures, et les deux suivants à 0^h 48- et 0^h 54 ; le 4e seul a été observé un peu loin du méridien, à 2^h 36. Il en résulte que pour les trois premiers contacts une petite erreur sur la parallaxe ne peut avoir qu'une influence presque nulle sur l'heure de la conjonction.

Je dirai encore quelques mots de la faible cause d'erreur qui provient de l'indécision de l'heure des 2e et 3e contacts causée par les grains de chapelet.

Si l'on veut atteindre la dernière précision possible, quel instant faut-il prendre pour l'heure du contact réel?

J'avais d'abord adopté par inadvertance, pour ces deux instants, l'heure de la *formation complète* et de la *déformation complè'e* de l'anneau (0ʰ 48ᵐ 46ˢ et 0ʰ 54ᵐ 11ˢ 7), ce qui m'avait donné, pour le 3e contact, une longitude trop faible de 4 secondes, et les diverses personnes qui ont refait les calculs de cette éclipse avaient toutes trouvé la même différence entre le 3e contact et les trois autres. Mais il est évident que je commettais une erreur et que ces deux instants ne correspondaient pas à un phénomèue symétrique.

Si l'on adopte en effet pour 2ᵉ contact l'instant où disparaît le dernier grain noir de chapelet (formation complète de l'anneau), il faut adopter pour 3ᵉ contact l'instant où paraît la première solution de continuité dans l'anneau (c'est-à-dire, dans mon observation, 0ʰ 54ᵐ 7ˢ, au lieu de 0ʰ 54ᵐ 11ˢ 7).

Si, pour éviter l'indécision, on adoptait comme instant réel des 2e et 3e contacts l'heure moyenne entre l'apparition et la disparition des grains de chapelet, ce qui donnerait encore deux observations symétriques, on trouverait les quatre résultats suivants :

1er contact...............		10ʰ 59ᵐ 44ˢ 08	Longitude	3ʰ 1ᵐ 57ˢ 03
2e contact	{ 0ʰ 48ᵐ 42ˢ 0 } { 0 48 46 0 }	0 48 44 0		3 1 59 66
3e contact	{ 0 54 7 0 } { 0 54 11 7 }	0 54 9 35		3 1 56 40
4e contact...............		2 36 18 4		3 1 56 40
		Longitude moyenne......		3ʰ 1ᵐ 57ˢ 03

On voit que cela ne changerait absolument rien au résultat que nous avons déjà obtenu.

L'indécision produite par les grains de chapelet n'a donc

dans cette observation aucune influence sensible sur la longitude.

D'après tout ce qui précède, je me crois donc autorisé à admettre que l'éclipe annulaire du 30 octobre 1864 est le phénomène astronomique le plus favorable qu'on ait eu au Brésil pour en déterminer directement la longitude; que notre observation, favorisée par les circonstances et faite dans d'excellentes conditions, a été une des plus exactes qui aient été faites sur cette côte, et que la longitude que nous en obtenons doit être certaine à un très-petit nombre de secondes près.

Cette même éclipse a été calculée par trois personnes à l'aide de tables et de méthodes différentes :

1° Par M. Soarez Pinto, qui a publié ses résultats dans les comptes rendus de l'Institut de Rio. Il s'est servi du *Nautical almanach* et des formules du Traité de Bowditch. Il a trouvé :

$$
\begin{array}{llll}
\text{Par le 1}^{\text{er}} \text{ contact} \dots\dots & 3^{h} & 1^{m} & 56^{s}\ 1 \\
2^{e}\ \text{contact} \dots\dots & 3 & 1 & 56\ 47 \\
3^{e}\ \text{contact} \dots\dots & 3 & 1 & 54\ 19 \\
4^{e}\ \text{contact} \dots\dots & 3 & 1 & 56\ 87
\end{array}
\right\} 3^{h}\ 1^{m}\ 55^{s}\ 9.
$$

2° Par M. Costa Azevedo, qui a présenté à ce même Institut un travail sur les corrections d'inflexion et d'irradiation. Il a fait ses calculs à l'aide des formules de Francœur.

Il a trouvé, en ne faisant pas usage des corrections d'inflexion et d'irradiation :

$$
\begin{array}{llll}
2^{e}\ \text{contact} \dots\dots & 3^{h} & 1^{m} & 53^{s}\ 458 \\
3^{e}\ \text{contact} \dots\dots & 3 & 1 & 58\ 039
\end{array}
\right\} 3^{h}\ 1^{m}\ 55^{s}.
$$

En faisant usage de ces corrections :

$$
\begin{array}{llll}
2^{e}\ \text{contact} \dots\dots & 3^{h} & 1^{m} & 54^{s}\ 629 \\
3^{e}\ \text{contact} \dots\dots & 3 & 1 & 54\ 610
\end{array}
\right\} 3^{h}\ 1^{m}\ 54^{s}\ 62.
$$

3° Par M. Liais, qui a publié une note dans les journaux de

Rio pour combattre cette longitude, et qui dit avoir trouvé les
résultats suivants :

$$
\begin{array}{lll}
1^{er} \text{ contact}\ldots\ldots\ldots\ldots & 3^h\ 1^m\ 43^s\,5 & \\
2^e \text{ contact}\ldots\ldots\ldots\ldots & 3\quad 1\quad 40\ 8 & \left.\rule{0pt}{5em}\right\}\ 3^h\ 1^m\ 53^s\ 15. \\
3^e \text{ contact}\ldots\ldots\ldots\ldots & 3\quad 2\quad\ 3\ 7 & \\
4^e \text{ contact}\ldots\ldots\ldots\ldots & 3\quad 2\quad\ 4\ 6 &
\end{array}
$$

Comme j'ai donné plus haut le tableau complet de nos calculs, et qu'en outre, deux autres personnes qui les ont refaits
par des méthodes différentes, arrivent à des résultats parfaitement concordants, nous croyons que M. Liais a commis encore
quelque légère erreur dans ce calcul; mais il n'en résulte pas
moins que la longitude moyenne qu'il en déduit, $3^h\ 1^m\ 53^s\ 15$,
ne diffère que de 4 secondes de la véritable.

Même éclipse observée annulaire à N⁴ S⁴ do Destero,
par M. Honlootz.

Cette même éclipse a été observée dans la capitale de Sainte-
Catherine par M. Honlootz, à 12 ou 15 milles au N. et à
1 mille à l'E. de mon observatoire. M. Soarez Pinto en a calculé
les résultats; on les trouve dans les comptes rendus de l'Institut de Rio.

Ces longitudes, rapportées à Villegagnon, sont :

$$
\begin{array}{ll}
1^{er} \text{ contact, manqué}\ldots\ldots & \text{»}\quad\text{»}\quad\text{»} \\
2^e \text{ contact}\ldots\ldots\ldots\ldots & 3^h\ 1^m\ 57^s\ 17 \\
3^e \text{ contact}\ldots\ldots\ldots\ldots & 3\quad 1\quad 54\ 92 \\
4^e \text{ contact}\ldots\ldots\ldots\ldots & 3\quad 2\quad 10\ 21 \\
\hline
\text{Longitude moyenne}\ldots & 3^h\ 2^m\ 00^s\ 8
\end{array}
$$

Même éclipse observée partielle à Fernambouc,
par M. Soarez Pinto.

M. Soarez Pinto, qui a fait exprès le voyage de Fernambouc

pour observer cette éclipse, a trouvé pour longitude de Rio-
de-Janeiro............................... 3ʰ 1ᵐ 52ˢ 49

Même éclipse observée partielle à Rio, calculée par M. LIAIS.

La note citée dans la *Connaissance des
temps* donne également le résultat du calcul
de cette éclipse, fait par M. Liais, d'après une
observation qui lui a été envoyée de l'observatoire de Rio. Il a trouvé.................. 3ʰ 1ᵐ 32ˢ 6

Éclipse totale du 7 septembre 1858, observée à Paranagua.

Une mission scientifique brésilienne, dont faisait partie
M. Liais, a été envoyée à Paranagua, sur la ligne centrale de
cette éclipse, pour y faire toutes les observations intéressant
la physique et l'astronomie. Divisée en trois sections: l'une fut
placée sur la ligne centrale, les deux autres un peu au N. et au
S. de cette ligne.

La plus grande partie du mémoire où est exposée cette observation est consacrée aux phénomènes optiques et physi-
ques qu'on a admirés pendant la durée trop courte de cette
éclipse, et qui ont acquis aujourd'hui une si grande importance
en astronomie. Il faut croire que c'est le grand intérêt de curio-
sité qu'offraient ces beaux phénomènes qui a fait un peu négliger la partie purement astronomique de l'observation, car ces
résultats, bien loin de pouvoir servir à corriger de 30 secondes
la position de la côte du Brésil, doivent être considérés comme
perdus pour la géographie.

Bien que dans un deuxième mémoire on parle assez longue-
ment de toutes les précautions employées dans les calculs pour
corriger les tables à l'aide d'observations faites en Europe, et
de la parfaite concordance de diverses méthodes mises en
usage pour conclure l'heure de la conjonction et la longitude, on ne cite toujours qu'un seul chiffre, une seu' ...

la *longitude moyenne déduite*, sans rien produire qui puisse servir à vérifier ou à apprécier son exactitude.

On ne cite même pas, ce qui serait très-important, les quatre heures de la conjonction déduite des quatre contacts ; mais il est évident qu'on ne pourrait tirer de ces quatre contacts que des résultats extrêmement discordants, à cause de cette singulière et grande différence de 42 secondes trouvée entre la durée observée et calculée de l'éclipse.

Tant que les détails de l'observation et du calcul n'en seront pas connus, tant qu'on n'aura pas trouvé la cause de cette erreur très-réelle, puisque aucun astronome ne pourra admettre que le demi-diamètre de la lune soit faux de 7 secondes, il est impossible que la *Connaissance des Temps* admette, sur une simple affirmation, un résultat si douteux, et pour l'adoption duquel il faudrait rejeter un siècle d'observations.

Pour mieux faire ressortir l'invraisemblance d'une si forte erreur de 7 secondes commise par les astronomes sur le demi-diamètre de la lune, et qui serait passée inaperçue jusqu'à l'observation de l'éclipse du 7 septembre 1858, il me suffira de dire que lorsque nous déterminons à bord la collimation de nos instruments à réflexion par le contact des bords opposés du soleil, nous obtenons toujours son demi-diamètre à 1 seconde ou 2 secondes près. Une quantité de 7 secondes est donc très-facilement appréciable, même dans les plus petits instruments d'astronomie.

J'ai déjà dit, page 7, que M. Liais avait commis une nouvelle erreur sur la réduction de sa longitude de Paranagua au méridien de Rio, et que cette différence de méridien étant en réalité de $21^m 29^s 1$, la longitude conclue de cette éclipse serait encore de 8 secondes plus faible que celle que propose la *Connaissance des temps*, c'est-à-dire qu'au lieu de $3^h 1^m 32^s 4$ elle devrait adopter $3^h 1^m 24^s 4$.

Même éclipse observée partielle à Buenos-Ayres
par M. Mouchez.

L'éclipse du 7 septembre 1858 était partielle à Buenos-

Ayres ; je l'ai observée dans de bonnes conditions. Les calculs faits à l'aide des éphémérides ne m'avaient donné un résultat fautif que de 40 à 50 secondes de temps ; mais M. Liais, qui a bien voulu la recalculer en la combinant avec son observation, a trouvé pour longitude $3^h 2^m 4^s$.

On trouve encore deux ou trois autres éclipses observées sur la côte du Brésil :

MM. *Da Silva Leite*, cité par M. Liais, 1826
    ($3^h 1^m 30^s$), pour Villegagnon............. $3^h 1^m 26^s 5$

Wurms (éclipse de soleil de 1784)............. 3 2   6

Dorta   —   — 3 2 24 5

§ 4. — LONGITUDE DE LA COTE DU BRÉSIL PAR LES OCCULTATIONS.

Je ferai les mêmes remarques sur les longitudes déduites des occultations que sur celles déduites des éclipses de soleil.

Même difficulté d'observation et de calcul : l'on ne peut généralement obtenir avec exactitude que le contact sur le bord obscur de la lune ; l'autre est souvent difficile à obtenir avec précision quand on n'a pas à sa disposition de bonnes lunettes solidement établies. Sur une série de trente occultations calculées par Wurms, on trouve que les longitudes extrêmes diffèrent de $1^m 2^s$, et que l'écart moyen est de 10 à 12 secondes.

Occultations observées par M. MOUCHEZ.

J'ai observé l'occultation de cinq ou six étoiles, mais les résultats peu précis que j'obtenais et la longueur des calculs, qui exigeaient plus de loisirs que je ne pouvais en avoir, m'ont empêché de continuer ces observations.

Les deux occultations que j'ai observées m'ont donné les résultats suivants :

Occultation de *d* Lion (avril 1860).... 3ʰ 1ᵐ 38ˢ
Occultation de *A* Ophiucus......... 3 2 11.

Occultations calculées par Wurms.

Cet astronome qui, vers la fin du siècle dernier, s'est beaucoup occupé de la longitude du Rio de la Plata, a fait à ce sujet un grand nombre de calculs.

On trouve dans la *Connaissance des temps* le résultat d'une série de trente occultations divisées en trois groupes qui ont donné les longitudes suivantes :

1ᵉʳ groupe.................... 3ʰ 1ᵐ 41ˢ8 ⎫
2ᵉ groupe.. .... 3 1 50 3 ⎬ 3ʰ 1ᵐ 50ˢ.
3ᵉ groupe..... .... 3 1 57 5 ⎭

Trois autres occultations lui ont donné... 3ʰ 2ᵐ 24ˢ 3 ⎫
Une occultation de ξ taureau (5 novem- ⎬ 2ʰ 2ᵐ 20ˢ 5.
bre 1789)..................... 3 2 8 12 ⎭

La longitude moyenne déduites *des trente-quatre occultations* de Wurm, est donc de................... **3ʰ1ᵐ53ˢ6**

—————

Voici les autres occultations qu'on trouve citées dans divers ouvrages, et principalement dans la *Connaissance des temps* :

Tarnakoff. Occultation douteuse (17 mai 1822). 3ʰ 2ᵐ 17ˢ 6

Home (25 octobre 1825) σ Sagittaire.—Maranhao 3 1 27

D'Abaddie (19 février 1837) η du Lion.— Olinda 3 2 10

Brisbane (30 juillet 1821). Régulus ⎰immersion⎱ 3 1 53
⎰émersion ⎱

Trois autres occultations.......... ⎧ 3 1 26
⎨ 3 1 18
⎩ 3 1 55

Beechey. Une occultation.................. 3ʰ 2ᵐ 24ˢ

M. de Tessan. δ du Bélier. — Rio-de-Janeiro.. 3 2 3 13

Malaspina et *J. Espinosa.* ξ Taureau {immersion / émersion} 3 2 12 8

Faskanoff. Une occultation 3 2 16 8

Azara. Plusieurs occultations (sans détail).... 3 1 50

M. Mouchez { *d* Lion..................... .. 3 1 38 / *A* Ophiucus. 3 2 11

Moyenne de ces quatorze résultats.... **3ʰ1ᵐ55ˢ7**

§ 5. — LONGITUDE DE LA COTE DU BRÉSIL PAR LE PASSAGE DE MERCURE (1789).

Parmi les observations astronomiques anciennes, celle qui a le plus de valeur est sans aucun doute l'observation du passage de Mercure en 1789.

Le gouvernement espagnol envoya une expédition dans la Plata dans le but unique de faire cette observation, qui devait avoir le double résultat de fournir une importante donnée à l'astronomie et une excellente longitude pour la côte d'Amérique. Le chef de cette mission, Varella et ses collaborateurs, firent à Montevideo d'excellentes observations qui furent plus tard calculées en Europe avec le plus grand soin, et comparées à celles qui avaient été faites dans les principaux observatoires.

La longitude qu'on en a déduite a évidemment une très-grande valeur.

Voici les résultats des calculs de Triesnecker :

Par l'observation de Montevideo comparée à celle de Paris...... 3ʰ 1ᵐ 55ˢ 1

—   —   de Vienne.... 3 1 58 1

—   —   de Cadix..... 3 1 58 9

—   —   de Marseille.. 3 1 56 9

—   —   de Bude...... 3 1 57 1

Longitude moyenne. 3ʰ 1ᵐ 57ˢ 2

La même observation a été calculée par Ferrer, et il trouvé :

$$
\begin{array}{lll}
\text{Par l'observation de Paris} \dots\dots & 3^h\ 2^m\ 1^s \\
\qquad\qquad\text{—}\qquad\quad \text{Cadix} \dots\dots & 3\quad 2\quad 4 \\
\qquad\qquad\text{—}\qquad\quad \text{Philadelphie} . & 3\quad 2\ 13 \\
\hline
\text{Moyenne} \dots\dots\dots & 3^h\ 2^m\ 6^s
\end{array}
$$

On trouve dans le volume II des *Memorias sobre las observaciones,* etc., etc., d'autres calculs du passage de Mercure. Il résulterait de ces travaux, dus à Tofiño, Jose Espinosa, etc., etc., que la longitude de Rio serait de :

$$3^h\ 1^m\ 55^s\ 3.$$

§ 6. — LONGITUDE DE LA COTE DU BRÉSIL PAR LES SATELLITES DE JUPITER.

Bien que cette méthode soit une des plus défectueuses, c'est celle qui a été le plus longtemps en usage à cause de la simplicité de l'observation et du calcul. Elle a été très-utile dans le dernier siècle pour faciliter les premiers progrès de la géographie, quand on n'avait ni chronomètres, ni éphémérides exactes, ni bons instruments à réflexion pour les distances lunaires ; mais dès que les cartes marines se sont perfectionnées, les erreurs des longitudes déduites des satellites de Jupiter ont été bientôt plus grandes que les erreurs des cartes, et on a dû dès lors renoncer à leur usage.

Il est cependant intéressant de rapporter ici toutes les observations de ce genre qui ont été faites au Brésil et dans la Plata. Comme un grand nombre ont été comparées à des observations correspondantes prises en Europe, la moyenne générale de toutes ces observations rapportée à Rio-de-Janeiro peut donner un résultat assez approché.

Observations de DORTA.

Dorta, astronome portugais, envoyé au Brésil vers 1780 pour la délimitation des frontières, a observé une très-grande quantité de satellites à l'observatoire de Rio.

30 éclipses des 1er et 2e satellite observées d'avril 1781 à août 1783, comparées à des observations correspondantes, ont donné par longitude moyenne......................... 3^h 2^m 9^s.

Les écarts extrêmes sont compris entre + 1^m 18^s et — 1^m 12^s.

54 autres statellites sans observations correspondantes ont donné.................... 3 2 34.

Autres observations.

Varella (1782), observations correspondantes.	12 immersions du 1er,...	3	2	12	7	
	4 émersions.........	3	1	59	0	
	11 { émersions..... / immersions.... }	3	1	59		
Malaspina. 6 satellites (1794)............		3	2	20		
Wurms. Plusieurs satellites (1789)........		3	2	7		
La Condamine. { 2 satellites au Para (1743).		3	3	21		
4 satellites à Cayenne....		3	1	36		
Daprès et Lacaille (5 février 1751). 1 satellite..................................		3	0	0		

Louis Godin..	{ 1750. 2 immersions du 1er.	3h	3m	35s
	{ 1751. 2 id.	3	1	0
D'Abbadie.....	(19 février 1837 , 3e satel-			
	lite................	2	58	36
	(21 mars.	3	2	14
Givry (17 mai 1819). Immersion et émersion du 1er satellite..................		3	2	10
Mouchez. 2e satellite (30 avril 1860).......		3	2	4
Moyennes des 57 observations qui ont des correspondantes...................		3h	2m	5s3
Moyennes de toutes les autres............		3h	1m	48.

§ 7. — LONGITUDE DE LA COTE DU BRÉSIL PAR LES DISTANCES LUNAIRES.

L'observation des distances lunaires, si usitée parmi les marins, et rendue suffisamment exacte pour les besoins pratiques de la navigation depuis le perfectionnement des éphémérides et des instruments à réflexion, a été d'un usage général et à peu près exclusif pour la détermination des longitudes dans toutes les campagnes dites scientifiques qui ont eu lieu depuis la fin du dernier siècle. C'est par milliers de séries qu'on les compte dans tous les voyages publiés.

Il est inutile de rappeler ici les nombreuses causes d'erreur qui altèrent ces observations et les rendent tout à fait impropres pour déterminer une position exacte. Bien qu'on puisse considérablement diminuer les erreurs en combinant des distances orientales et occidentales les distances lunaires, quelque nombreuses qu'elles soient, ne peuvent, dans les meilleures conditions, donner la longitude qu'à 5 ou 6 milles près.

C'est donc surtout pour ne négliger aucune source de renseignements et pour faire entrer dans ce mémoire tous les travaux faits sur cette question, que nous citons ici les observations des distances lunaires.

Cela donnera en outre une mesure approchée de la précision qu'obtenaient les divers navigateurs dont nous rapportons les résultats.

Avant de commencer cette énumération, je dois signaler encore une cause d'erreur particulière aux distances lunaires et qui paraît plutôt morale que matérielle. Dans le grand nombre de séries qu'on est obligé de prendre pour diminuer autant que possible les erreurs accidentelles, il est rare que les séries n'affectent pas la disposition par groupes présentant des chiffres parfaitement d'accord entre eux, mais différant notablement d'un groupe à l'autre. Il en résulte alors une certaine perplexité dans l'esprit de l'observateur, et, bien qu'agissant avec la plus grande bonne foi, il se laisse souvent aller à adopter un des groupes plutôt que l'autre, parce qu'il se rapproche plus de la longitude indiquée sur la carte.

Ce n'est évidemment que par une cause de ce genre qu'on peut expliquer cette singulière coïncidence de plusieurs navigateurs se succédant dans le même lieu, et s'accordant tous pour donner une longitude fortement erronée dans le même sens.

Pour Rio-de-Janeiro, par exemple, l'amiral Roussin trouve, avec son unique chronomètre, en arrivant au Brésil, une longitude trop forte de 40 secondes environ, $3^h 2^m 35^s$ au lieu de $3^h 1^m 57^s$; peu de temps après, ses 223 séries de distances lunaires lui donnent $3^h 2^m 25^s$, et la plupart des navigateurs français qui lui succèdent, Bougainville, Duperrey, etc., trouvent tous des longitudes également trop fortes de 15 à 25 secondes.

Les navigateurs des autres nations, qui ignorent cette longitude ou ne s'en préoccupent pas, trouvent, au contraire, par des distances lunaires beaucoup moins nombreuses, des longitudes également réparties autour de la longitude vraie, et en général bien plus près de la vérité.

Il est donc indispensable, quand on aborde la solution d'une semblable question, de n'avoir pas de parti pris d'avance et de conserver l'esprit tout à fait indépendant des résultats précédemment obtenus.

Distances lunaires de la Bayadère. (*Campagne hydrographique de l'amiral* Roussin.)

892 distances lunaires observées par les officiers de la *Bayadère*, et divisées en **332** séries orientales et occidentales, ont donné 3ʰ 2ᵐ 25ˢ 1.

Distances lunaires de la Thétis *et de* l'Espérance (Bougainville).

Dans aucune autre campagne la méthode des distances lunaires n'a été appliquée avec plus de précautions minutieuses ; elles étaient observées par tous les officiers, puis classées par groupes, et les résultats discutés par les formules des moindres carrés. Le détail de tous ces travaux occupe un demi-volume in-4° traitant de ce voyage.

Malgré tous ces soins, les longitudes déduites sont en général fort médiocres, et ne répondent nullement à la peine qu'on s'est donnée pour les obtenir. 462 séries orientales et 410 séries occidentales, observées par 12 personnes, ont donné pour longitude moyenne 3ʰ 2ᵐ 23ˢ.

Les résultats extrêmes sont compris entre 3ʰ 1ᵐ 40ˢ et 3ʰ 3ᵐ 48ˢ ; aucun observateur n'a obtenu par la moyenne de ses observations un résultat inférieur à 3ʰ 2ᵐ 5ˢ, tandis que la longitude vraie était 3ʰ 1ᵐ 57ˢ. La moyenne de ces 872 séries donne une erreur de 26 secondes de temps ; une seule série de distances orientales et occidentales aurait dû donner un résultat plus rapproché. Cette très-grosse erreur, d'un résultat basé sur une telle quantité d'observations, est très-instructive.

Voyage de la Coquille. (DUPERREY.)

Les officiers de la *Coquille* ont observé à Sainte-Catherine :

23 séries de distances occidentales,
28 séries de distances orientales.

La longitude déduite est de... 3ʰ 2ᵐ 20ˢ 5.

Même remarque que sur l'observation précédente.

Observations de MALASPINA, *à Montevideo.*

Les observations de distances lunaires qui méritent le plus de confiance à cause du soin qu'on apporta à leur calcul, après le retour en Europe, sont celles qui furent faites à la fin du dernier siècle par la mission espagnole envoyée dans la Plata en 1789 pour le passage de Mercure.

Deux officiers de l'expédition, Dionisio Galiano et Jacobo Murphi, observèrent 292 séries de distances orientales et occidentales, calculées en Europe avec les éléments corrigés.

Ils trouvèrent pour Montevideo :

Par les séries orientales..... 49ʰ 57ᵐ 11ˢ
Par les séries occidentales... 49. 55. 05.

La moyenne, réduite à Villegagnon, donne. 3ʰ 1ᵐ 59ˢ 7

Autres observations des distances lunaires.

Ferrer................................. 3 1 58 5

Capitaine Hewet. (5 orientales, 6 occidentales.)................................. 3 1 44

Capitaine King. (Nombre non désigné.)... 3 1 54 4

Capitaine Stokes. (Nombre non désigné.).. 3 1 57 0

Runcker et *Brisbane*. (Août 1822.)........   1ᵐ 58ˢ 6

Expédition russe. (1822.)...............   3   2   20

Sabine... { 128 séries à Bahia.   3   2   5
            { 158   —   à Maranhao........   3   2   8

Capitaine Crichton (1813). 14 séries des deux
  bords......................................   3   2   36

Capitaine Frietz. (1836.)   3   1   20

Beechey. { 100 séries à Norronha........   3   1   33 1
           { 158   —   à Anatomirim......   3   2   3

Kotzbue. (Novembre 1823.)..............   3   1   44

Simonow   3   1   50

Wainwright...........................   3   2   3 7

Dabaddie (mars 1837). Olinda...........   3   1   19

Lacaille et *D'Après*. 11 séries...........   2   59   50

Pour conclure de ces 2,000 séries de distances lunaires la longitude la plus probable, il paraît inutile de tenir compte dans la moyenne du poids du résultat de chaque observateur proportionnel au nombre de ses séries, car il est bien évident, par l'inspection de ce tableau, que ces centaines de séries n'améliorent pas la longitude obtenue. Ce serait tout au plus un coefficient proportionnel à la racine carrée du nombre des observations qu'il faudrait adopter. Mais nous pouvons nous contenter de prendre la moyenne générale en donnant la même valeur relative à chaque observateur, quel que soit le nombre de ses observations.

Cette moyenne est, en écartant une seule observation évidemment très-fausse, celle de Lacaille :

Longitude moyenne de 2,000 séries de distances lunaires.. 3ʰ 1ᵐ 58ˢ 7.

Conclusion.

Nous résumons dans le tableau suivant toutes les observations citées dans le présent mémoire.

Elles sont groupées en deux colonnes : la première contient le résultat moyen de chaque observateur dans chaque méthode ; la deuxième colonne contient le résultat moyen de chaque méthode. J'ai dû faire ressortir les trois résultats de M. Liais, adoptés par la *Connaissance des temps*, pour en mieux démontrer l'erreur.

Un seul coup d'œil sur ce résumé suffit pour faire voir que toutes les divergences qu'on remarquait dans les résultats partiels ont disparu dans les moyennes. En s'appuyant sur une si grande masse d'observations faites à des époques les plus différentes et par les navigateurs les plus divers, les longitudes moyennes de chaque méthode convergent rapidement vers le même résultat final, très-près de 3h 1m 57s

Il paraît superflu de faire remarquer que les quelques erreurs de détail qui auront pu échapper au milieu de tous ces chiffres ne modifieraient que faiblement ce résultat.

(Un ingénieur et géographe bien connu, Azara, qui, à la fin du dernier siècle, a longtemps voyagé dans le Brésil, le Paraguay et la Confédération argentine, comme commissaire des limites entre les possessions espagnoles et portugaises, a fait également de nombreuses observations astronomiques, mais qui, malheureusement, ont été perdues avec la plupart de ses autres travaux ; je n'ai pu en retrouver que quelques rares manuscrits dans la bibliothèque de Buenos-Ayres. La longitude qu'il avait adoptée, comme moyenne de tous ses travaux, donne pour Rio-de-Janeiro **3h 1m 54s** ; cette longitude était, comme on le voit, très-exacte ; mais, comme je n'ai pas pu retrouver les observations originales, je n'inscris pas ce résultat dans le tableau suivant.)

RÉSUMÉ

Résumé de toutes les observations contenues dans le présent Mémoire.

LONGITUDE DE RIO.

		Moyennes par observateur.	Moyennes par méthode.
222 chronomètres, 48 traversées (aller et retour).	Fitz Roy............	3^h 1^m 56^s 7	3^h 1^m 57^s
	Mouchez............	3 1 58 1	
	Id. Messageries...	3 1 58 6	
	Foster............	3 1 55	
	Stokes............	3 1 57	
	King	3 1 45	
	Owen	3 1 59 7	
216 culminations lunaires.	16 Béchey	3^h 1^m 56^s 9	3^h 1^m 56^s 96
	36 M. Mouchez......	3 1 57 97	
	164 M. Costa Azevedo..	3 1 56	
Culminations lunaires de M. Liais.....		3^h 1^m 32^s	3^h 1^m 32^s
2 éclipses annulaires.	1 (4 contacts), M. Mouchez...........	3^h 1^m 57^s 6	3^h 1^m 59^s 2
	1 (3 contacts), M. Honlootz...........	3 2 00 8	
1 éclipse totale, M. Liais............		3^h 1^m 24^s 3	3^h 1^m 24^s 3
1 éclipse partielle, M. Liais.........		3^h 1^m 32^s 6	3^h 1^m 32^s 6
5 éclipses partielles.	1 Wurm............	3^h 2^m 6^s 0	3^h 1^m 58^s 7
	1 Dorta............	3 2 24 5	
	1 Da Silva Corte, cité par M. Liais....	3 1 26 5	
	1 M. Soarez Pinto ...	3 1 52 49	
	1 M. Mouchez, calcul de M. Liais.....	3 2 4	
48 occultations.	54 Wurm..........	3 1 53 6	3^h 1^m 54^s 7
	14 divers..........	3 1 55 7	
Passage de Mercure.	Varella, Triesnecker (1789)...........	3^h 1^m 57^s 02	3^h 1^m 56^s 02
	Malaspina, Tofiño, Jose Espinosa........	3 1 55 03	
107 satellites de Jupiter.	57 avec correspondantes, Dorta, etc..	3^h 2^m 5^s 3	3^h 1^m 56^s 6
	50 sans correspondantes...........	3 1 48	
2,000 séries de distances lunaires, comprenant 8,000 distances...........		3^h 1^m 58^s 70	3^h 1^m 58^s 70

Il est évidemment impossible de conclure de tous ces chiffres une moyenne mathématique, puisque nous n'avons aucun moyen d'apprécier le poids de chaque observateur et de chaque observation. Il est d'ailleurs inutile de rechercher les dixièmes de seconde, qui échappent à toute appréciation.

Pour déterminer la seconde à laquelle il faut s'arrêter, je ferai encore ressortir de ce tableau les résultats qui ont une valeur incontestable.

Les 3 traversées de Fitz-Roy, avec 22 chronomètres (aller et retour).

$$3^h \; 1^m \; 57^s \, 2$$
$$3 \quad 1 \quad 56 \; 8$$
$$3 \quad 1 \quad 56 \; 2$$

$3^h \; 1^m \; 56^s \, 7.$

Les 3 traversées de M. Mouchez, avec 5 chonomètres (aller et retour).

$$3^h \; 1^m \; 61^s$$
$$3 \quad 1 \quad 55 \; 8$$
$$3 \quad 5 \quad 57 \; 6$$

$3^h \; 1^m \; 58^s$

Les 30 traversées des paquebots, M. Mouchez............. $3^h \; 1^m \; 58^s \, 6.$

Les 216 culminations si parfaitement d'accord.

Beechey.............	$3^h \; 1^m \; 56^s \; 9$
Mouchez.............	$3 \quad 1 \quad 57 \; 97$
Autres calculs........	$3 \quad 1 \quad 56 \quad 0$

$3^h \; 1^m \; 56^s \, 94.$

L'éclipse annulaire de M. Mouchez................. .... $3^h \; 1^m \; 57^s \; 6$

Le passage de Mercure..

Trisnecker (1789)............	$3^h \; 1^m \; 57^s \, 02$
Ferrer (1786)	$3 \quad 1 \quad 55 \quad 3$

8,000 distances lunaires de tous les navigateurs cités (excepté les deux extrêmes)........................ $3^h \; 1^m \; 56^s \; 7$

222 chonomètres de tous les navigateurs cités........... $3^h \; 1^m \; 57^s$

Il me paraît donc évident qu'en adoptant pour longitude de Rio-de-Janeiro (Villegagnon) **$3^h \; 1^m \; 57^s$**, il y aura une énorme probabilité que l'on ne commet pas une erreur de plus de 1 seconde de temps et qu'aucune position du globe hors de l'Europe ne peut être considérée aujourd'hui comme plus *certainement* fixée. On peut l'adopter comme premier méridien de l'océan Atlantique Sud.

Il résulte encore de ce travail qu'il est parfaitement inutile de faire à l'avenir sur la côte du Brésil quelques nouvelles observations isolées pour en déterminer la longitude, si l'on n'a pas de moyens plus perfectionnés que ceux dont on s'est servi jusqu'ici. Dans tous les cas, ces nouvelles observations ne sauraient plus avoir pour objet que de corriger de quelques dixièmes de seconde ou *d'une seconde au plus* le résultat auquel nous nous arrêtons.

J'adopterai donc définitivement pour longitude de Rio-de-Janeiro (Villegagnon), premier méridien des cartes des côtes du Brésil, que je construis actuellement avec les documents recueillis dans ma récente campagne du *Lamotte-Piquet :*

$$3^h\ 1^m\ 57^s.$$

PREMIÈRE LONGITUDE OBSERVÉE AU BRÉSIL EN 1519.

Il paraît intéressant de rapprocher de ce résultat du dernier travail fait sur la longitude du Brésil la première observation que cite l'histoire, et qui date de peu d'années après la découverte :

En 1519, Ruy Faleiro et Magellan offrent leurs services à Charles-Quint ; Magellan part seul sur le *San-Antonio ;* son pilote, Andres de San-Martin, qui a reçu ses instructions de Faleiro, fait diverses observations, et détermine de la manière suivante la longitude de Rio-de-Janeiro. Le 17 décembre 1519, à $4^h\ 38^m$ du matin, il observe la lune dans l'E. à 28° 30' et Jupiter à 33° 15' ; d'où il conclut la distance des deux astres : 4° 15' ; il en déduit, à l'aide du mouvement horaire de la lune, que la conjonction avait eu lieu le vendredi 16 décembre à $7^h\ 15^m$ du soir. D'après les tables de Zacuto, cette conjonction devait avoir eu lieu le samedi à $1^h\ 20^m$ au méridien de Salamanca. Il y avait donc $17^h\ 55^m$ minutes de différence de longitude entre Rio et Salamanca, erreur énorme qu'il attribua aux tables.

Le lendemain, 18 décembre, il observa le soleil au zénith et en déduisit la latitude 23° 45' (erreur + 51').

Alonzo de Santa-Cruz, cosmographe de Charles-Quint, proposa huit à dix méthodes de longitude par les différences d'heure à l'aide de divers instruments, tels que des horloges de plusieurs genres, des ampoulettes à eau, à sable, des mèches brûlant juste 24 heures, etc., etc. En 1535, Pedro Apiano fit construire un instrument, le *Rayon astronomique*, pour observer la longitude à l'aide des distances lunaires, et Ruiz Villegas de Burgos propose les culminations de la lune et des étoiles, mais il reconnaît ce procédé d'une difficile application.

LATITUDE DE RIO-DE-JANEIRO.

La *Connaissance des temps* a cru devoir également adopter la latitude de l'observatoire de Rio, déterminée par M. Liais.

C'est une nouvelle erreur introduite dans la table des positions géographiques. Pour les navigateurs, la différence est sans doute de peu d'importance (de 18 à 20 secondes environ); mais si l'on considère qu'il s'agit d'un point aussi fréquenté que Rio-de-Janeiro et d'*un observatoire impérial*, les astronomes jugeront sans doute que cette correction mérite d'être signalée.

Ne pouvant pas me douter que la latitude de l'observatoire de Rio, et d'un point aussi visité par tous les navigateurs, pouvait être erronée, je négligeai de faire des observations spéciales pour la déterminer; mais j'ai cependant observé les hauteurs d'un certain nombre d'étoiles de culminations lunaires et de celles qui servaient à orienter la lunette : le nadir n'était vérifié qu'avant et après les observations relatives à la longitude; il y avait donc quelquefois une petite différence, mais qui ne dépassait jamais 6 à 8 secondes d'arc; je la répartissais proportionnellement au temps sur les étoiles observées.

Les hauteurs ainsi obtenues étaient suffisamment exactes pour le but que je me proposais; mais pour les latitudes elles donnent des résultats beaucoup plus discordants que cela n'aurait eu lieu si j'avais observé seulement des latitudes en rectifiant fréquemment le nadir.

Cependant, comme j'ai observé près d'une centaine d'étoiles et que les écarts moyens ne sont que de 4 à 6 secondes, la latitude moyenne qui en résulte doit être *certainement* exacte à 2 ou 3 secondes près.

J'ai en outre fait au même endroit deux ou trois observations au sextant et à l'horizon artificiel, afin d'obtenir, comme je le faisais continuellement, la valeur relative des divers procédés d'observation.

Je donne ci-après la liste des étoiles observées et des latitudes obtenues; je les ai divisées en deux groupes, celles du N. et celles du S. :

Étoiles au N. du zénith.

9 juillet 1865.	ν Verseau..................	22°55′ 00″
—	α Ophiucus...............	54 58
—	β Ophiucus	55 05
—	μ Hercule	55 14
10 —	ν Verseau................	54 57
—	16 Pégasse................	55 08
12 —	16 Pégasse................	55 17
—	γ Verseau................	55 16
—	η Verseau................	55 13
—	κ Verseau................	55 15
—	γ Poisson	55 15
—	κ Poisson	55 12
—	ι Poisson	55 07
—	λ Poisson	55 10
13 —	κ Poisson	55 06
—	δ Poisson	54 59
—	ε Poisson	55 10
—	β Andromède............	55 13
14 —	ε Poisson	55 02
—	η Poisson	55 07
—	β Scorpion...............	55 11
—	δ Ophiucus	55 14
—	ξ Hercule................	55 15
—	ε Hercule................	55 16
—	α Hercule................	55 14
3 août 1865.	α Ophiucus...............	55 14
—	μ₁ Sagittaire............	55 04
—	6210 Sagittaire...........	55 11
—	21 Sagittaire	55 04
—	μ₁ Sagittaire............	54 58
4 —	6210 Sagittaire...........	55 03
—	21 Sagittaire	55 00
—	6279 Sagittaire...........	55 01
—	ν₁ Sagittaire............	54 57

4 août 1865.		ξ Sagittaire	22°54′57″
	—	π Sagittaire	54 59
	—	α Sagittaire	55 10
	—	ρ₁ Sagittaire	55 05
	—	6643 Sagittaire	55 07
5	—	π Sagittaire	55 08
	—	d Sagittaire	55 11
	—	ρ₁ Sagittaire	55 08
	—	56 Sagittaire	55 04
	—	α¹ Capricorne	55 00
	—	β Capricorne	55 10
	—	φ Capricorne	55 08
	—	υ Capricorne	55 04
	—	α Ophiucus..............	55 13
	—	μ Sagittaire..............	55 15
6	—	α² Capricorne	54 59
	—	β Capricorne.............	54 52
	—	ρ Capricorne	54 58
	—	υ Capricorne	54 54
	—	υ Verseau..............	54 59
	—	β Verseau..............	55 05
	—	ν Verseau..............	54 52
	—	β Verseau..............	55 05
	—	θ Verseau..............	55 06
	—	ξ Balance	55 09
	—	δ Bélier	55 11
	—	γ Eridan.	55 09
	—	α Lyre..............	55 17
	—	β Lyre..............	55 16
	—	μ Sagittaire..............	55 10
	—	ξ Aigle	55 15

Moyenne de 65 étoiles............ 22° 55′ 7″0

Étoiles au S. du zénith.

9 juillet 1865.		β Sagittaire	22°55′18″
	—	σ Octant	54 56
	—	α Grue..............	55 12
12	—	δ Sculpteur..............	55 15
	—	8305 Toucan..............	55 07
	—	ν Phénix..............	55 18
19	—	α Scorpion	55 14
	—	α Triangle..............	55 12

19 juillet 1865.	ε Scorpion................	22° 55′ 17″
—	θ Ophiucus...............	55 13
—	δ Ophiucus...............	55 12
2 août 1865.	19 Scorpion...............	55 09
3 —	4 Sagittaire..............	55 10
4 —	μ² Paon..................	55 11
5 —	σ Octant.................	54 58
	Moyenne.................	22° 55′ 10″8

Moyenne de 15 étoiles du Sud........ 22° 55′ 10 8
Moyenne de 65 étoiles du Nord....... 22 55 07 0

Latitude de la Gloria par 80 étoiles.... **22° 55′ 9″9**

Les observations d'étoiles à l'horizon artificiel nous ont donné les résultats suivants :

β de la lyre (M. Mouchez)... 22° 55′ 16″ ⎫
                                         ⎬ moyenne 22°55′9″
χ de la lyre (M. Turquet)... 22° 55′ 02″ ⎭

Ce résultat confirme le premier et confirme également l'exactitude de mes observations au sextant et à l'horizon artificiel.

Mon altazimut était installé à la Gloria, un peu au S. de l'église, à 54 secondes au S. de l'observatoire impérial du Castello et à 29 secondes au S. du fort Villegagnon.

Je conclus donc de mes observations :

Latitude de l'Observatoire impérial de Rio-de-Janeiro... 22° 54′ 14″9
Latitude fort Villegagnon............................ 22° 54′ 39″9

La *Connaissance des temps* donne, d'après M. Liais :

Latitude de l'Observatoire impérial................. 22° 53′ 53″

Comme le doute peut être permis entre ces deux résultats, bien que la note de la *Connaissance des temps*, qui annonce l'introduction dans les tables de cette nouvelle latitude, ne donne absolument aucun renseignement sur la manière dont on l'a obtenue, j'ai recherché les observations des astronomes portugais qui ont fondé cet observatoire (car les astronomes brésiliens n'ont encore jusqu'ici rien publié), et j'ai trouvé ces résultats dans les mémoires de Lisbonne.

A la fin du dernier siècle, Dorta a fait de nombreuses observations à Rio-de-Janeiro, et il a déterminé la latitude du Castello à l'aide de plusieurs séries de hauteurs méridiennes d'étoiles et de soleil :

17 hauteurs méridiennes de soleil lui ont donné 22° 54′ 12″ 5 ⎱
12 hauteurs d'étoiles...................... 22° 54′ 13″ 0 ⎰ 22° 54′ 12″ 8

Si je prenais la moyenne de mes 80 étoiles, sans tenir compte de leur position au N. et au S. du zénith, je trouverais pour latitude de la Gloria 22° 55′ 7″ 7 et pour l'Observatoire impérial 22° 54′ 13″ 7, au lieu de 22° 54′ 14″ 9, ce qui réduirait à 1 seconde au lieu de 2 secondes la différence entre la latitude de Dorta et la mienne.

Il paraît d'après cela bien certain que la nouvelle latitude donnée par la *Connaissance des temps* doit être diminuée de 20 à 22 secondes.

J'adopte donc pour Rio-de-Janeiro les deux latitudes suivantes :

Latitude de l'Observatoire impérial.... 22° 54′ 13′
Latitude de Villegagnon.... .... 22 54 38

LONGITUDE DE CAYENNE.

Je terminerai ce mémoire par la détermination de la longitude de Cayenne, extrémité Nord des 1,200 lieues que comprennent nos travaux sur la côte orientale de l'Amérique du Sud.

C'est de ce point que nous avons opéré notre retour en France.

La longitude de Rio étant maintenant connue, nous avons deux moyens de déterminer celle de Cayenne, soit en rapportant ce point à l'Europe par notre traversée de retour (29 jours), soit en le rapportant à Rio-de-Janeiro par une traversée de 9 jours entre Fernambouc et Cayenne.

Les marches diurnes de nos cinq chronomètres ont été toujours déterminées au point de départ et d'arrivée ; elles sont indiquées dans le tableau suivant, qui donne les résultats partiels de chaque chronomètre :

LONGITUDE DE CAYENNE, DÉDUITE DU MÉRIDIEN DE RIO-DE-JANEIRO.

CHRONOMÈTRES.	MARCHES DIURNES.		DIFF. DE MÉRIDIEN.
	Départ.	Arrivée.	
Vissière......	$14^s 26$	$14^s 56$	$1^h\ 9^m\ 53^s 5$
Dumas.......	3 92	4 22	1 9 51 8
Leroy........	14 04	14 40	1 9 55 9
Sharff.......	21 7	22 94	1 9 56 7
Winerl	3 60	4 45	1 9 51 6

De Fernambouc à Cayenne, 9 jours de traversée, du 29 juin au 8 juill.

Moyenne.......	$1^a\ 9^m\ 53^s\ 9$
Différence de méridien, Fernambouc-Rio-de-Janeiro	33 9 5
De Rio-de-Janeiro à Cayenne..................	$0^h 36^m 44^s 4$
Longitude de Rio...........................	3 1 57 0
Longitude de Cayenne, déduite du méridien de Rio	$3^h 38^m 41^s 4$ $3^h 38^m 41^s 4$

LONGITUDE DE CAYENNE DÉDUITE DU MÉRIDIEN DE PARIS.

	CHRONOMÈTRES.	MARCHES DIURNES.		DIFF. DE MÉRIDIEN.	
		Départ.	Arrivée.		
De Cayenne à Cherbourg, 29 jours de traversée, du 19 juillet au 17 août.	Vissière......	14^s 7	13^s 91	$3^h 22^m$ 50^s 2	
	Dumas.......	4 37	4 70	22 51 6	
	Leroy........	14 43	15 2	22 48 3	
	Sharf........	Irrégulière.		»	
	Winerl......	4 47	3 31	23 14 1	Écarté.

Différence de méridien, Cayenne-Cherbourg .... $3^h 22^m 49^s 7$

Longitude de Cherbourg (Arsenal)............ 15 52 0

Longitude de Cayenne, déduite du méridien de Paris $3^h 38^m 41^s 7$ $3^h 38^m 41^s 7$

Longitude moyenne de Cayenne................ $3^h 38^m 41^s 5$

La longitude de Cayenne donnée par la *Connaissance des temps* est de 3^h $38^m 35^s$; elle est trop faible de $6^s 5$. Elle ne paraît, du reste, avoir été déterminée que par la campagne de la *Bayadère*, car l'on ne cite pas d'autre autorité à l'appui de cette longitude. L'erreur aurait donc pu être plus forte encore en raison de la médiocrité des chronomètres de cette expédition.

Je n'ai pas besoin de faire ressortir combien l'identité des deux longitudes de Cayenne, déduites par nos observations, soit de Rio-de-Janeiro, soit de l'Europe, donne une nouvelle certitude à toutes nos longitudes de la côte Nord du Brésil.

Paris, octobre 1866.

E. MOUCHEZ.

Paris, imprimerie de Paul Dupont, rue de Grenelle-Saint-Honoré, 45.